Judith Giovannelli-Blocher

DAS GLÜCK DER SPÄTEN JAHRE

Mein Plädoyer für das Alter

Pendo München und Zürich

INHALT

EINLEITUNG

Das Thema Alter interessiert und beschäftigt mich seit langem. Leute, die um vieles älter waren als ich, waren sehr wichtig für mein Leben, angefangen bei meinen Eltern und Lehrern bis hin zu anderen gestandenen Persönlichkeiten, die mich später beruflich und persönlich gefördert haben, mir etwas zutrauten, mir durch ihre eigene lebensbejahende Haltung Vertrauen ins Leben schenkten.

Ich bin im Laufe der Jahre häufig umgezogen – und fast immer lag meine Wohnung in einem Haus, in dem auch ältere Menschen wohnten (oft waren es die Hausbesitzer). Das gab mir Gelegenheit mitzuverfolgen, mit welcher Könnerschaft und welcher Lebensleidenschaft diese Menschen die oft nicht leichten Stufen ihres Alters bewältigten. Manche von ihnen wurden mir zum Vorbild, zum Lebensgewinn.

Ältere Menschen überstehen Zeiten der Krankheit und des Leidens, finden sich mit Einschränkungen der Beweglichkeit und dem Verlust von nahen Menschen ab und können trotzdem immer wieder neue Schritte ins Leben wagen. Diese Zähigkeit und diese Lernfähigkeit wie auch ihre Courage, mit der sie oft genug Angehörige und Pflegende verblüffen, sind mir beispielhaft fürs Leben überhaupt. Diese Erfahrungen mit älteren Menschen wurden für mich zur zentralen Ermutigung nicht nur bei der Überwindung meiner eigenen Lebensprobleme. Sie waren auch ein Ansporn bei meiner Arbeit mit den Klienten in der Sozialarbeitspraxis und sind es bis heute in der Beratung von jüngeren Menschen geblieben, die so oft nicht mehr ein und aus wissen, in unserer undefinierbar gewordenen Welt.

Vor diesem Hintergrund versteht es sich von selbst, daß ich bald einmal neugierig wurde auf meine eigene Altersperiode. Ich stellte sie mir vielversprechend vor, als eine Zeit, in der sich manches öffnen würde, eine Zeit mit reichen Erfahrungsschätzen, mit Wirkungsmöglichkeiten und hoffentlich auch mit verzeihender Güte – und alles auch zum Verschenken. Das hat sich für mich bis heute so erfüllt. Ich habe im Alter nach Fünfzig wesentliche persönliche Entwicklungen und Befreiungen erlebt, um die ich früher vergeblich gerungen hatte.

Im Gegensatz zu meinen eigenen Vorstellungen bin ich in der Umwelt schon früh auf Bilder gestoßen, die das Älterwerden als etwas Negatives darstellen, als etwas, das möglichst verdrängt und vermieden werden muß. »Für ewig jung bleiben«, heißt die Parole unserer Zeit.

Schon der Begriff »Alter« ist anrüchig. Niemanden soll man »alt« nennen, bestenfalls gehört man zu den »Älteren«, wer höflich sein will, spricht auch Achtzigjährige so an. Formulierungen wie »Senioren«, »ältere Mitbürger« oder »Betagte« haben den Geschmack einer schonenden Umschreibung von etwas Unaussprechlichem.

Die Menschen hatten zwar mit dem Altern schon immer Mühe und freuten sich nicht darauf, aber es gab Zeiten, in denen die Alten mehr Ansehen und Macht hatten als heute und im Orientierungssystem der Gesellschaft eine bedeutende Rolle spielten. Sie waren das Fundament, auf dem die Gesellschaft gründete, und wenn dieser Sockel auch Stein des Anstoßes für die Jungen war: er gab das Maß vor, aus dem Evolution und Revolution sich entwickelten. An den Normen und an der Bremsfunktion der Alten rieb sich die junge Generation.

Heute treibt uns das Schreckgespenst Alter dazu, dem Jugendwahn so lange zu frönen, bis das Alter immer mehr verschwindet, das Erlebnis von Hinfälligkeit und Abhängigkeit, die Erfahrung der Vergänglichkeit und Endlichkeit des Lebens uns erspart bleiben und der Tod letztlich zum Fremdwort wird. Wir haben ihn schon fast ganz aus unserem Blickfeld verbannt. Mahr* verwendet dafür den Begriff »Unaltern«, der nichts anderes bedeutet, als

---

* Literaturhinweise s. S. 215 ff.

daß wir uns nach und nach Altersdiskussionen ersparen können, weil sich das fitte, jugendliche Leben in die Unendlichkeit verlängert.

Die ältere Bevölkerung kann sich nur noch Geltung verschaffen, wenn sie sich jugendlichen Werten und Lebensweisen angleicht, täglich die körperliche und geistige Fitneß trainiert und sich im Lebensstil möglichst lange möglichst wenig von den Jüngeren unterscheidet. Das Alter an sich und seine spezifischen Lebensqualitäten und Werte haben massiv an Achtung und Respekt eingebüßt.

In einer Zeit, in der wir einerseits immer älter werden, erleben wir andererseits, daß wir im Arbeitsleben immer früher als »unbrauchbar« taxiert und ausgemustert werden. Das hat zur Folge, daß Jahrgänge ab Vierzig bereits benachteiligt sind im Wettbewerb und sich immer häufiger überflüssig vorkommen. Senioren werden fast nur noch als fiskalische Größe wahrgenommen, die die gesellschaftliche Buchhaltung auf der Negativ-Seite belastet. Das, was die Alten mit ihren Erfahrungen, ihren Lebensbewältigungsmustern und ihrem Wissen um die Vergänglichkeit des Menschen in die Gesellschaft hineingeben, geht beinahe ebenso unter wie all die freiwillige und ehrenamtliche Arbeit, die sie im familiären und gesellschaftlichen Bereich leisten.

Die Leitwerte für Erfolg und Ansehen lauten in unserer Zeit: jung, reich, dynamisch und schön. Alte sind auf den Bildschirmen fast nur noch als Problemgruppe zu sehen, rücken als Alzheimer-Kranke, Rollstuhlpatienten im Pflegeheim oder Patienten der Geronto-Psychiatrie ins Blickfeld, lebende Beweise dafür, welche »Soziallast« die Betagten bedeuten.

Während Jahren habe ich Kurse für Arbeitnehmer und Arbeitnehmerinnen in den letzten Berufsjahren angeboten, um sie auf die Beendigung ihrer Berufsarbeitszeit und den beginnenden Ruhestand vorzubereiten. Ich habe dabei erfahren, wie die mit dem Älterwerden einhergehende Diskriminierung als Damoklesschwert über vielen Kursteilnehmern hing.

Das darf nicht so bleiben. Die Älterwerdenden haben das nicht verdient. Und der Gesellschaft geht etwas verloren, wenn sie vergißt, daß der Mensch im Alter Qualitäten entwickelt und über Erfahrungen verfügt, die jüngeren Menschen noch abgehen, die aber sowohl im Arbeitsleben wie im Privatbereich unverzichtbar sind, wenn wir unserem Leben eine Zuversicht abgewinnen wollen, die über flüchtige Erfolge und Vergnügen hinausweist.

Mit meinem Buch möchte ich der älteren Generation den Rücken stärken, ihr Mut machen, die altersspezifischen Eigenschaften bewußt zu leben und die Altersperiode mit Neugier und Unternehmungslust selbständig zu gestalten. Das Buch will Respekt schaffen für die Leistungen, die die ältere Generation erbringt. Es erzählt von der Fähigkeit der Alten, zu geben und zu bereichern. Es verschweigt die dunklen und schwierigen Seiten des Altersprozesses nicht. Es hält auch fest, daß die Seniorengeneration, ebenso wie die Jungen, gesellschaftliche Verantwortung übernehmen und die Lasten der Gesellschaft mittragen muß. Ohne die Bereitschaft, sich »brauchen zu lassen«, gibt es meiner Meinung nach kein erfülltes Alter.

Ein Einstellungswandel bei Jung und Alt steht an. Das gilt auch für die wirtschaftlichen und sozialpolitischen Entscheidungen.

Ich bin davon überzeugt, daß es ohne Würdigung des Alters keine erfüllte Jugend gibt. Darum widme ich dieses Buch allen Generationen. Ich habe es nicht zuletzt aus Dankbarkeit für jene älteren Menschen geschrieben, die mein Leben bereichert haben.

I. NUR NICHT ALT WERDEN! VIER VORURTEILE GEGEN DAS ALTER

1. Ältere Menschen haben keine Chancen mehr

Menschen über Vierzig erleben mit jedem Lebensjahr eine zunehmende berufliche und gesellschaftliche Abwertung. Das wirkt sich auf ihre Identität und ihre Einstellung zum Alter aus.

Kürzlich traf ich mich mit jüngeren Kolleginnen, mit denen ich einst gearbeitet, die ich aber schon lange nicht mehr gesehen hatte. Auf meine Frage, wie es ihr gehe, antwortete eine von ihnen: »Ich bin jetzt halt wirklich alt und habe keine Perspektive mehr.« Ganz erstaunt fragte ich zurück, woran sich denn bei ihr, der erst Fünfundvierzigjährigen, das Altsein zeige. Sie antwortete sofort und emotional: »Du wirst nicht mehr wahrgenommen, spürst, daß niemand mehr Erwartungen an dich hat, du bist einfach noch so da, meinetwegen als bewährte Arbeitskraft, und damit hat es sich. Auch wenn ich in eine Tram steige oder in einem Restaurant auftauche: Niemand dreht sich mehr nach mir um.« Ich erwartete, daß ihre Kolleginnen dieses Bild nun korrigieren würden, aber sie nickten nur und bestätigten, daß ihre Karriere sehr früh, für sie viel zu früh, zu Ende gegangen sei. Ich konnte es nicht fassen: Was war denn passiert? Meine attraktiven, ehrgeizigen und lebensmutigen Frauen! Sie saßen da, als sei über Nacht ein Frost auf sie und ihre Lebenspläne gefallen.

Ich war erstaunt über den resignativen Ton der Frauen, die ich in Erinnerung hatte als energiegeladene, ambitiöse Persönlichkeiten. Aber dann erzählten sie von ihrer Arbeit. Es herrsche »Eiszeit«. Nur noch Tempo und widerspruchsloses Abwickeln von Arbeitsabläufen sei gefordert und diskussionslose Hinnahme von strukturellen Veränderungen, die bei Lichte besehen unsinnig seien. Warum-Fragen und das Bemühen um Nachhaltigkeit seien nicht erwünscht. Berufserfahrung, Urteile aufgrund der Kenntnis von Zusammenhängen seien nicht mehr gefragt. Flexible Anpassung an immer Neues sei das Einzige, was zähle.

»Du bist niemand mehr mit Fünfzig«, konstatierte eine der Frauen, die als Peronalberaterin in einem Warenhaus arbeitet, entrüstet. »Das erfahre ich nicht nur selbst, sondern auch täglich, wenn ich versuche, Klientinnen in reiferen Jahren zu vermitteln – aussichtslos! Dabei bin ich innerlich voll lebendig!« begehrte die Kollegin auf.

Die meisten Frauen, die um den Tisch saßen, waren vor Jahren aus einem langweiligen Leben als Hausfrau in einer Einfamilienhaus-Siedlung ausgebrochen, weil sie das Dasein als »grüne Witwe« satt hatten. Nach lang dauernden Ausbildungen im Sozial- oder Gesundheitswesen sind sie heute in anspruchsvollen Positionen tätig, zwischenzeitlich haben sie ihre Kinder großgezogen, einige auch eine Scheidung durchgestanden. Sie sind politisch tätig, gesellschaftlich wach und engagieren sich für feministische Fragen. Dennoch fragte eine: »Hat sich das alles nun gelohnt, wenn wir jetzt schon zum alten Eisen gehören?« Sie hatten sich ihre mittleren Lebensjahre anders vorgestellt. Nach dem »Abstellgleis« Hausfrau stehen sie nach wenigen Jahren bereits vor dem Abstellgleis »Alter«, was einem Absinken in die Bedeutungslosigkeit gleichkommt. Monika Maron spricht in diesem Zusammenhang von der »Restzeit des Lebens«.

An einen Stellenwechsel darf heute kaum mehr denken, wer die Fünfzig überschritten hat. Eine fünfundvierzigjährige, sehr dynamische und aktive Pfarrerin wird auf der Stellensuche überall abgewiesen mit der Begründung, sie sei zu alt. Eine sechsundvierzigjährige Marketingleiterin, die früher aus Stellenangeboten auswählen konnte, findet keine Stelle mehr in ihrem Beruf und ist seit einem Jahr arbeitslos.

Kein Wunder, daß der Killer »Alter« gemieden und geleugnet wird, so lange es nur geht! Aber wenn man sich die Haare frisch gefärbt hat, legt man sich abends ins Bett mit dem Bewußtsein, daß man Besseres zu geben hätte als die Vortäuschung von Jugendlichkeit.

In meinen Kursen für Arbeitnehmer und Arbeitnehmerinnen in den letzten Berufsjahren, die der allmählichen Ablösung von der Berufsarbeit und dem Planen der dritten Lebensphase gewidmet waren, glaubten sich am Ende des ersten Tages manchmal einige im falschen Kurs. Sie waren fast beleidigt, wenn ich sie als »Älterwerdende« ansprach, als so jung und fit gaben sie sich aus. Die Männer prahlten häufig mit ihren sportlichen Leistungen. Klar, gab vielleicht ein Teilnehmer zu, er sei auf Radtouren beim Aufwärtsfahren neuerdings langsamer als sein Sohn, aber das werde sich im kommenden Ruhestand schnell ändern: »Ausschlafen, sich körperlich wieder auf Kurs bringen, abnehmen – und ich werde wieder Schritt halten mit den Jungen.«

Es brauchte immer einige Kurstage und eine wachsende Vertrautheit untereinander, bis Altersanzeichen zugegeben und besprochen werden konnten. Meistens litten mehrere Teilnehmende bereits unter ernsthaften gesundheitlichen Einschränkungen, hatten eine Krebsoperation überstanden, eine Rücken- oder Knieoperation, Krampfadern oder Schwerhörigkeit machten ihnen zu schaffen, andere litten unter Depressionen oder fühlten sich allgemein überfordert. Aber: »Mir geht es gut – alles paletti« ist eine Standardantwort, wenn man nicht riskieren will, daß man in Mißkredit gerät. Besonders Männern fällt es nicht leicht, über Einschränkungen zu sprechen. Mir fiel auf, in welch hohem Maß sie sich mit jüngeren Arbeitskollegen oder auch mit ihren Söhnen vergleichen. Frauen tauschen sich eher über ihr Befinden aus. Dabei ist die Bevorzugung von jüngeren, sexuell attraktiven Frauen im Arbeitsleben ein häufiges Gesprächsthema. Hatten aber früher reifere Jahrgänge gegenüber dem Glanz jugendlicher Erotik ihre Berufserfahrung, Zuverlässigkeit und Arbeitsdisziplin in die Waagschale zu werfen, so gilt das heute kaum mehr etwas.

Sexuelles Flair als Äquivalent von Vitalität, Gesundheit und Erfolg hat eine überragende Bedeutung im heutigen Arbeitsleben. Die bisherigen »Gegenwerte« wie Zuverlässigkeit, Arbeitstreue, Verantwortungsbereitschaft haben an Bedeutung verloren.

Männliche und weibliche Kursteilnehmer beklagten sich gleichermaßen darüber, daß das, was sie in einem langen Berufsleben gelernt hätten, nichts mehr wert sei.

Ein »Bähnler« mit Leib und Seele, seit zwanzig Jahren Bahnhofsvorstand, erzählte: »Ich habe praktisch nichts mehr zu tun. Die Züge werden elektronisch von der Hauptstadt aus abgefertigt, der Bahnschalter ist nur noch wenige Stunden offen, die Billette bezieht man am Automaten. Ich weiß über das ganze Bahnwesen Bescheid, kann praktisch den Fahrplan auswendig, könnte über alles Auskunft geben. Aber mein Wissen ist nicht mehr gefragt. Heute kann jeder am Computer die Zugverbindungen erfahren. In der Fortbildung soll ich jetzt ›Flexibilität und Kreativität‹ lernen. Mein entfunktionalisierter Bahnhof wird mit Hilfe von Verkaufsständen und Unterhaltungsangeboten zur ›Erlebnis-Insel‹.«

Die beruflichen Veränderungen kamen für den achtundfünfzigjährigen Mann zu schnell. Er hatte Angst vor seinen jüngeren Untergebenen, die sich das Neue schneller aneignen. Der Prozeß der Selbstentwertung, dem er sich jeden Tag hingibt, schlägt auch auf sein Privatleben durch. »Ich weiß nicht, soll ich Viagra nehmen?« murmelt er. Er fühlt sich auch von seiner jüngeren Frau, einer rund um die Uhr beschäftigten Filialleiterin, mißachtet.

Ein Kondukteur, der älter aussieht, als er ist, muß sich tagtäglich mit renitenten jungen Bahnkunden herumschlagen. Er besucht vom Arbeitgeber organisierte Kommunikationsseminare und bringt es trotzdem nicht fertig, daß »die jungen Herren« ihre Beine von der Sitzbank nehmen. »Die machen mich zum Narren, und die anderen Passagiere schauen zu. Kürzlich mußte ich hören, wie ein am Streit unbeteiligter Bahnkunde sagt: »Die SBB sollten halt einen Jüngeren schicken!«

Eine ehemalige Top-Sekretärin, deren Stolz es immer

war, absolut fehlerfreie Briefe abzuliefern, bekommt heute von ihrem neuen, jungen Chef zu hören, Korrektheit sei weniger wichtig als Tempo. Aus dem Vorzimmer des Chefs wurde sie »nach hinten« versetzt. Die äußeren Reize ihrer Nachfolgerin sind wichtiger als ihre langjährige Erfahrung. Sie fühlt sich in ihrer beruflichen Identität verletzt.

»Lieber schnell als richtig«, lautet die fatale Devise. So fühlen sich ältere Mitarbeiter und Mitarbeiterinnen in ihrem Können abgewertet und haben zu wenig Zeit und Gelegenheit, um umzulernen. Vielleicht trauen sie es sich auch nicht zu. Das trifft auch auf Kaderleute zu. Sie können sich nicht mehr auf das Prestige der »Anciennität« berufen, werden heute gemessen an den Werten der Jungen, können aber bezüglich Tempo und Flexibilität oft nicht mehr mithalten. Wenn sie aus ihrer Erfahrung heraus von diesem oder jenem Umstrukturierungsplan abraten, ist ihr Rat unerwünscht. Denken in Zusammenhängen, Handeln aus Überlegungen heraus, die auch vergangene Erfahrungen miteinbeziehen, Bedächtigkeit im Urteil und das Bedürfnis nach Reflexion werden von jungen Managern oft als unnötiger Ballast betrachtet, der einen flüssigen Betriebsablauf nur behindert. So haben viele ältere Arbeitnehmer heute das Gefühl, sie würden ihre Bürostunden einsetzen für etwas, was eigentlich Unsinn sei, zu wenig durchdacht und ohne klares Ziel.

Gemäß dem amerikanischen Soziologen Richard Senett läßt das beschleunigte Wirtschaften keinen Widerspruch mehr zu. Er stellt fest: »Die Stimme der älteren Mitarbeiter wird unterdrückt, die Stimme der Erfahrung in ein negatives Zeichen des Alterns verwandelt.«

Während früher berufliche Erfahrung und lange Betriebszugehörigkeit mit Beförderung und Dienstaltersgeschenken belohnt wurden, droht heute das Fallbeil der Frühpensionierung.

Es ist klar, daß die Frühpensionierung eine Abwertung älterer Mitarbeiter bedeutet, denn wer soll glauben, daß diese aus einem Entgegenkommen gegenüber den Arbeitnehmern geschieht? Wenn immer wieder behauptet wird, sehr viele Männer und Frauen wählten freiwillig diese Lösung, so muß man dahinter ein großes Fragezeichen setzen. Wer den Druck im Nacken spürt, daß der Betrieb ihn gerne loswürde, gibt früher oder später nach; wer sein Können nicht mehr richtig einsetzen kann, links liegen gelassen wird, wer sich abgewertet fühlt, der ist am Ende froh, wenn er sich aus der entwürdigenden Situation befreien kann, und sagt ja, wenn man ihm das Zückerchen der Frühpensionierung entgegenstreckt.

Das nachfolgende Beispiel aus Deutschland könnte sich genausogut in anderen westeuropäischen Ländern abspielen:

Früher sind die Kollegen zu Hildegard Meister gekommen und haben gefragt, ob sie nicht einmal einen von ihren Kunden besuchen könne, »damit die Leute nicht denken, daß wir in unserer Bank nur zwanzigjährige Berater haben«. Jetzt, nachdem aus zwei Beraterjobs wieder einer werden mußte, kamen die Kollegen und fragten: »Diese ganzen Veränderungen – willst du dir das noch antun?« Dann kamen die neuen Chefs, Vertriebsprofis, und fragten: »Ist das noch Ihre Welt, können Sie das noch?« Schließlich verschärften die neuen Chefs die Umsatzvorgaben: Monatlich, wöchentlich, zum Schluß fragten sie schon am Mittwoch: »Wie wollen Sie das schaffen?« Am Ende lagen die Nerven blank.
Der Tag, an dem Hildegard Meister aufgegeben hat, war ein grauer Tag. Ein Nieselregentag. Ihr Chef hatte den Vertrag für ihren Vorruhestand schon lange in der Schublade, und sie hat ihn schließlich unterschrieben, mit Sechsundfünfzig.

Natürlich geht es nicht allen älteren Berufstätigen so, viele werden rechtzeitig gefördert, umgeschult etc. Andere ergreifen selbst die Initiative zu den nötigen Veränderungen. Trotzdem muß es zu denken geben, daß gegenwärtig nur 50 Prozent aller Arbeitnehmer die Pensionsgrenze erreichen, alle andern scheiden vorher aus.

Im Jahr 2002 bezogen 85.000 der 55- bis 64-Jährigen in der Schweiz eine Invaliedenrente. 1986 waren es nur 52.000 Personen in der gleichen Altersklasse.

Langsam macht es sich in den Betrieben bemerkbar, daß das Element der älteren, besonnenen Betriebsangehörigen zu fehlen beginnt.

Anfang der 1990er Jahre war ich bei der Swissair eingeladen zu einer Diskussion über die Frage, wie sich ein junges Mitarbeitersegment und ein immer rigoroseres frühzeitiges Ausscheiden älterer Semester auf das Betriebsklima auswirke. In Fluggesellschaften ist das Durchschnittsalter niedrig. Mit Vierzig wirst du schon »nach hinten« genommen, bemerkte einer im Betriebsjargon, was bedeutet, daß an der Front nur jugendfrisch aussehendes Personal eingesetzt wird, während die älteren Mitarbeiterinnen und Mitarbeiter in Bereichen arbeiten, wo sie öffentlich nicht sichtbar sind. Das hat zur Folge, daß es ganze Bereiche gibt, in denen die Fünfundzwanzig- bis Vierzigjährigen praktisch unter sich sind. Das karrierebedingte »Ellbögeln« in diesen Gruppen heizte aber das Klima auf, man spürte das Fehlen von älteren, mäßigenden und erfahrenen Mitarbeitern. Ich warf ein, daß ich mir eine Stewardeß im Großmutteralter durchaus denken könnte, heute, wo Kinder oft allein fliegen und alte Menschen um fürsorgliche Betreuung durch eine erfahrene Mitarbeiterin froh sind. »Das geht aus Image-Gründen nicht«, erwiderte der junge Werbechef eilig, »unser Motto heißt ›Jung und Dynamisch‹. Würden wir an der Front Mitarbeiterinnen und Mitarbeiter in der Nähe der Pensionsgrenze beschäftigen, könnten die Fluggäste am Ende befürchten, die Maschine sei alt!« Aber der Personalchef meinte nachdenklich, es stimme schon: erfahrene ältere Semester, die auch etwas Ausgleichendes hätten, würden fehlen.

Vielleicht kommt man beim Nachdenken über das »Grounding« dieser Fluggesellschaft zum Schluß, daß beim allzu dynamischen und risikofreudigen Wirtschaften in der Führungsetage die Qualität der besonnenen, erfahrenen Berufsleute zu gering geschätzt wurde.

Und was kommt nach dem Ausscheiden aus dem Berufsleben? Viele ältere Arbeitnehmer und Arbeitnehmerinnen stellen sich den Ruhestand ungefähr wie einen verlängerten Urlaub vor und nicht als einen langen, neuen Lebensabschnitt, den es zu beackern und zu bebauen gilt. Ausschlafen, die längst fälligen Fotos einkleben, aufräumen, reisen, mit der Familie zusammensein und Hobbys pflegen waren etwa die Vorstellungen vieler Kursteilnehmer.

Manche fürchten sich davor, ohne die festen Leitplanken der täglichen Arbeit leben zu müssen. In einem Kurs wurde ich von den männlichen Teilnehmern bestürmt, mit ihnen doch einen »Tagesplan« zu machen. Ich habe mich zuerst geweigert, aber dann standen wir um den Flipchart und diskutierten, wie Stunde um Stunde des Tages zu füllen wäre ... Menschen, denen ein Leben lang vorgegeben wurde, was zu machen war, empfinden einen weit gespannten Freiheitsraum als bedrohlich. Und wer immer schon vor den privaten Beziehungskatastrophen in die Überstunden im Büro geflüchtet ist und übers Wochenende Akten mit nach Hause genommen hat, dem gähnt das Ende der Berufszeit wie ein schwarzes Loch entgegen.

Trotzdem läßt sich sagen, daß der »Pensionierungsschock« heute geringer ist als früher, wozu sicher beiträgt, daß die Arbeitnehmer sich heute auf den Übergang vorbereiten können.

Am besten sind jene dran, die bereits in den letzten Berufsjahren Aktivitäten entwickeln, die sie später weiterführen können, sei es beruflich, die Mitarbeit in Vereinen oder in der Politik, ein soziales Engagement oder eine Liebhaberei, der sie sich voll und ganz verschrieben haben. Für viele sind es nach wie vor die Familie, die Kinder und Enkel, die eigenen Eltern, der Garten, die Nachbarn.

Wenn es also unzählige Rentner und Rentnerinnen gibt, die den Übergang mühelos geschafft haben und die Zeit des Alters später sogar als »die glücklichste Zeit« ihres Lebens bezeichnen (auch Forschungen belegen die Lebensqualität der heutigen Alten), so muß ich aus meiner Erfahrung in der Beratungsarbeit und aus den Kursen doch sagen, daß manche vom Leben ganz schön zugerichtet und enttäuscht sind, wenn sie an der Schwelle des Alters ankommen. Sie glauben nicht mehr an die Möglichkeiten des Lebens und haben nur ein verächtliches Lächeln übrig, wenn man sie einlädt, zu träumen. Ich habe den resignierten Rückzug in sich selbst häufiger gesehen als neugierig geöffnete Augen gegenüber dem, was sie erwartet. Manche können sich nur noch mit zynischen Witzen über sich selbst und das Leben überhaupt helfen. Zum Glück saßen um den Tisch aber auch immer solche, die besser dran waren und Hoffnung und Zuversicht aufkommen ließen. Doch davon später.

Mit ihrer Arbeit »progressiv« zufriedene Berufstätige, das heißt Menschen, die in ihrer Arbeit Entwicklungsmöglichkeiten sehen und sich für Fortschritte einsetzen, meist in anspruchsvollen Berufen mit großer Selbständigkeit tätig, würden oft gerne über die Pensionsgrenze hinaus arbeiten. Sie sind innovativ, neugierig, an Entwicklungen interessiert, und sie fühlen sich in ihren Leistungen anerkannt, wissen, daß sie etwas zu sagen haben. Oft gelingt es ihnen, noch einige Jahre anzuhängen oder ein berufliches Standbein zu behalten und in der restlichen Zeit neue Projekte zu entwickeln. Die Hälfte der über die Pensionierungsgrenze hinaus tätigen Menschen sind selbständig. Insgesamt leben circa sieben Prozent derjenigen, die eine Altersrente (AHV) beziehen, noch ein volles Arbeitspensum, etwa doppelt so viele arbeiten Teilzeit weiter. Umfragen zufolge wären es weit mehr, die arbeiten würden, wenn sie die Gelegenheit dazu hätten. Wer den Zeitpunkt des Rücktrittes selber wählen kann, ist natürlich privilegiert. Auch der gleitende Übergang von der Arbeits- zur Ruhezeit hat große Vorteile. Dies alles ist vorläufig den Gebildeteren und Flexibleren unter uns vorbehalten.

2. Alte sind konservativ und verbittert

Viele Arbeitnehmende sind auf der Schwelle zur Pensionierung seelisch ausgebrannt, ihre Arbeitskraft ist ausgepreßt wie eine Zitrone und ihr Selbstvertrauen im Keller.

»Der flexible Kapitalismus hat die gerade Straße der Karriere verlegt, er verschiebt Angestellte immer wieder abrupt von einem Arbeitsbereich in den andern. Das Wort ›Job‹ bedeutete im Englischen des 14. Jahrhunderts einen Klumpen oder eine Ladung, die man herumschieben konnte. Die Flexibilität bringt diese vergessene Bedeutung zu neuen Ehren. Die Menschen verrichten Arbeiten wie Klumpen, mal hier, mal da«, schreibt Senett.

Ohne das Gefühl, in den letzten Arbeitsjahren etwas Rechtes geleistet zu haben und dafür anerkannt worden zu sein, fehlt vielen Angestellten der Mut, sich im Ruhestand etwas Neues aufzubauen, die eigenen Ressourcen zu entfalten. So haben viele kaum etwas Konkretes vor und richten sich ein in der »resignativen« Zufriedenheit, das heißt sie haben sich abgefunden mit dem Status quo und entwickeln keine Initiativen mehr für Verbesserungen.

Manche sind verbittert, verbringen ihr Alter vor dem Fernseher oder nehmen der Frau den Haushalt weg, weil sie sonst nichts mehr zu befehlen haben; manche versuchen sich in Glücksspielen oder lungern in einschlägigen Rotlichtlokalen herum, werden zu »Aufpassern« auf den Straßen und zu selbsternannten Polizisten. Wenn man, wie ich es geschildert habe, im Beruf jahrelang »entwertet« wird und bei der Pensionierung feststellt, daß man nicht ersetzt wird, weil der Betrieb ganz gut weiterfunktioniert, ohne das, was man selbst eingebracht hat, ist es schwer, das Zutrauen zu haben, daß man »danach« für die Gesellschaft noch nützlich ist. Am Schlimmsten sind diejenigen dran, deren Selbstwertgefühl so beschädigt ist, daß es ihnen nicht mehr gelingt, sich selbst Gutes zu tun und das Freisein von Zwängen zu genießen.

Die zu Zynikern gewordenen Enttäuschten landen an den Stammtischen der politischen Nein-Sager. (Man täuscht sich, wenn man glaubt, diese seien in der Schweiz nur in einer Partei zu finden. In mancher Seniorengruppe der SP sind die reaktionären Ansichten vorherrschend vertreten!) Es gibt Verbitterte, die mit ihrem Generalabonnement in der Schweiz herumfahren und die SBB mit ihrem früheren Geschäft verwechseln, alles kontrollieren und gehässig feststellen, daß der Zug schon wieder nicht diesen und jenen Anschluß abgewartet, der Kondukteur die nächste Station nicht ausgerufen hat, obschon er doch nach dem Reglement dazu verpflichtet wäre – und überhaupt: eine Sauerei, wie sich die Passagiere heutzutage aufführen! Kann der nicht lesen, daß wir in einem Nichtraucherabteil sitzen, und dieses Weibergewäsch da vorn – die haben bloß zu wenig zu tun! Die Fernsehhocker können oft fröhlich Lachende nicht ertragen, sind beleidigt, wenn jemand im Bus den Platz einnimmt, auf dem sie sonst immer sitzen, halten die Leute, die sie bedienen und auf die sie jetzt angewiesen sind, für Faulenzer und Stümper, die keine Ahnung haben, was »schaffen« heißt, machen einen Bogen um »Jugos« und lassen diese die Verachtung spüren, die ihnen selbst zuteil wurde, mißgönnen spielenden Kindern die Fröhlichkeit und Freiheit. Wenn sie hilfsbedürftig werden, stellen sie Ehepartner und Kinder, Pflegerinnen und Sozialarbeiter auf harte Proben. Das in ihnen Verschüttete freizulegen, ist nicht einfach, und in vielen Fällen ist der Versuch dazu ergebnislos.

Es gibt allerdings auch andere. Zu ihnen gehört Frau L. Ein Leben lang hat sie hart gearbeitet, die Familie fast allein durchgebracht, da mit dem Mann nichts los war. Sie servierte in einem stark frequentierten Lokal mit ausgedehnter Gartenwirtschaft, identifizierte sich mit dem Betrieb, die Sorgen des Patrons wurden zu den ihrigen, sie stellte ihren freien Tag zur Verfügung, wenn ihre Kollegin ausfiel, und leistete dem Chef zuliebe Überstunden.

Mit den Jahren fiel ihr das Schleppen der Bierkrüge durch den Kies schwer und das Stehen bis über die Polizeistunde hinaus auch. Trotzdem hielt sie durch, bis ihre

Krampfadern und der Rücken den Dienst versagten. Mit Achtundfünfzig ging sie in Pension.

Ab und zu treffe ich sie auf einem Aussichtspunkt über dem Bieler-See. Sie sitzt auf einem Bänklein in der Sonne, die Arme über der Lehne, und schaut den gleitenden Segeln auf dem See zu. »Ich hätte nicht gedacht, daß ich es einmal so schön haben würde in meinem Leben!« ruft sie aus und klatscht in die Hände: »Einfach, daß ich nicht mehr muß! Was will man mehr, mehr brauche ich nicht.« Sie hat ein Halbtagsabonnement, fährt gern auf dem See umher, und ab und zu macht sie auch mal eine Busreise oder kauft eine Tageskarte, fährt damit im Speisewagen nach Lugano und zurück. Meistens allein. »So kann ich machen, was ich will, muß mich nach niemandem richten!« Pro Monat erhält sie 2.600 Franken. »Kommt einfach so, ich muß gar nichts machen. Das reicht mir schon, nicht immer ging es mir finanziell so gut.« Ein soziales Netz? »Ja, meine frühere Kollegin, die läßt mich nicht im Stich, auf die kann ich mich verlassen.« Frau L. hat früher oft Dienstzeiten mit ihr getauscht, wenn deren Kinder krank waren und sie mit ihnen zum Arzt mußte. »Das vergißt sie mir nie!« Mit ihrer Schwester versteht sie sich nicht gut, sie sieht sie praktisch nie. »Aber im Notfall wäre sie da, das schon.« Gerne sitzt sie im Epa-Café. »Dort kenne ich einige. Auch der Chef de Service kennt mich, der sieht schon, wer einmal im Leben gearbeitet hat, der hat einen Blick dafür!« Auch einen Kellner der Speisewagen-Gesellschaft kennt sie, nimmt absichtlich immer den Zug ins Tessin, in dem er Dienst hat. Sie strahlt: »Und wenn es nicht mehr geht, geh' ich ins Altersheim. Falls das Geld nicht reicht, muß die Gemeinde zahlen.«

Mit welcher Haltung man das Alter verbringt, ist natürlich nicht nur von gesellschaftlichen Komponenten, sondern in hohem Maß von persönlichen, charakterlichen Merkmalen eines Menschen abhängig. Eine optimistische Lebenseinstellung, wie sie Frau L. eigen ist, beeinflußt sowohl die medizinische, psychische wie auch die soziale Altersbiographie, sie ist wie die einfallende Sonne an einem nebligen Herbsttag. Sie zeigt sich etwa im Altershumor, mit dem so viele Betagte ihre täglichen Mühseligkeiten zu vergolden wissen. Darüber hinaus wird aber an Frau L.s Arbeitsbiographie deutlich, daß sie trotz harter Arbeit und wenig Lohn einen wesentlichen Vorteil hatte: sie wußte, was und für wen sie etwas leistete, sie identifizierte sich mit dem Gastbetrieb, dem sie während Jahrzehnten die Treue halten konnte, sie war dort jemand, jedermann kannte sie, und die Stammkunden liebten sie. Ihr Arbeitgeber war kein anonymes Management, das ständig wechselte, sondern ihr Patron war aus Fleisch und Blut, er erschien täglich am Arbeitsplatz, und Frau L. hatte das Gefühl, daß er auf sie genauso angewiesen gewesen war wie sie auf ihn. Es bestand eine menschliche Arbeitsbeziehung, die ihr immer wieder Elan gab. Sie ist auch im Alter noch stolz darauf.

Dieser Stolz, etwas geleistet zu haben, begleitet

sie in den Tagen ihres Ruhestandes, den sie sich von Herzen gönnt. Im Rückblick auf das Geleistete fällt ihr das Genießen leicht, und der Stolz auf ihr Lebenswerk hilft ihr, in der Öffentlichkeit selbstbewußt aufzutreten und das einzufordern, was ihr zusteht.

Doch vielleicht lebt sie nicht mehr lange? Ihre Beine sehen bedenklich aus, und auch der Rücken hat Schaden genommen.

Körperlich Arbeitende und Arme haben eine kürzere Lebensdauer. Die Chancen, ein hohes Alter zu erreichen, sind ungleich verteilt. Wie die Untersuchung Künzler/Knöpfel zeigt, sterben Arme früher.

Wer einer unteren sozialen Schicht angehört, also eine schlechte Schulbildung, ein niedriges Einkommen oder einen niedrigen beruflichen Status aufweist, ist statistisch gesehen überproportional häufig von einem frühzeitigen Tod betroffen.

Dies gilt ganz besonders auch für die Fremdarbeiter und Fremdarbeiterinnen, die bei uns ihre Arbeitskraft eingesetzt haben.

3. Die Alten leben auf Kosten der Jungen

Seit einigen Jahrzehnten verändert sich die Altersstruktur der Bevölkerung: die Zahl der Betagten und ihre Lebenserwartung nimmt zu, die Geburten nehmen ab. Die frühere Altersstruktur der Bevölkerung hatte, graphisch gesehen, die Form einer Pyramide: unten die breite Basis der Jungen und Erwerbstätigen, oben die schmale Spitze der Rentner, die im Alter von fünfundachtzig Jahren statistisch kaum mehr in Erscheinung traten. Demgegenüber redet man heute von einer »pilzförmigen« Altersstruktur. Sie besteht aus einem »Pilzkopf« von Rentnern, die im Vergleich zu vor hundert Jahren eine um achtzehn Jahre längere Lebenserwartung haben, und einem schmalen Sockel von Erwerbstätigen. Infolge des andauernden Geburtenrückganges wird sich diese Entwicklung noch während mindestens zwei Jahrzehnten fortsetzen. Damit werden die Alten zur wirtschaftlichen Belastung, falls das Sozialversicherungssystem und die Erwerbsarbeitsstrukturen nicht der neuen Situation angepaßt werden.

Es handelt sich hierbei um ein demographisches Problem, das mit politischen Mitteln gelöst werden muß. Es hat weder mit der Mentalität noch mit dem Charakter der alten Menschen etwas zu tun.

Zu den seit vielen Jahren bekannten und für die nahe Zukunft voraussehbaren Verschiebungen in der Bevölkerungsstruktur kommt nun die gegenwärtige wirtschaftliche Krise und vor allem die Tatsache, daß in den Boom-Jahren um die Jahrtausendwende leichtsinnigerweise das von den Versicherten zusammengetragene Sparkapital der Altersvorsorge und der Pensionskassen an der Börse angelegt wurde. Die aufgrund dieser riskanten Politik zu verzeichnenden riesigen Verluste verursachen gegenwärtig eine Panik in der Diskussion um die materielle Sicherheit der heutigen und zukünftigen Altersgenerationen. Und schon entwickelt sich das Ganze zu einer Diskriminierung dieser Bevölkerungsgruppe: Unisono werden die über Fünfundsechzigjährigen als »Alterslast« bezeichnet, und das Wort »Altersschwemme« drückt aus, wie überflüssig diese Menschen in der Gesellschaft geworden sind.

Mit Vorwürfen wie »Die Alten leben auf Kosten der Jungen« oder, wie ein Buchtitel verkündet: »Die gierige Generation – wie die Alten auf Kosten der Jungen abkassieren«, wird ein Generationenkrieg anvisiert und den Alten die Schuld für das gegenwärtige Finanzdebakel zugewiesen.

Ich kenne mehrere Hochbetagte, die sich dafür schämen, daß sie älter und älter werden. Mit dem Schimpfwort »Schmarotzer« werden Alte als Egoisten und gesellschaftlich Nutzlose definiert, die nur eine Menge Kosten verursachen und ihren Nachkommen die Lebenschancen vergällen. Ins Rampenlicht gerückt werden die Rentner, die in der Folge der jahrzehntelangen Hochkonjunktur überdurchschnittlich vermögend sind. Dabei wird vergessen, daß die allgemein zu beobachtende zunehmende Polarisierung zwischen Arm und Reich auch für die Altersgeneration gilt. Mehr als zehn Prozent aller AHV-Bezüger leben unter der Armutsgrenze, und dazu kommen nochmals zehn bis zwanzig Prozent, die genug zum Leben, aber wenig finanziellen Spielraum haben.

Frau S., alleinstehend, kommt mit AHV und Pension im Monat auf 3.800 Franken. Die Miete beträgt 1.300 Franken. Vom Rest kann sie anständig leben, aber für ihre ausgeprägten kulturellen und sozialen Bedürfnisse bleibt wenig übrig. Hier muß sie sehr einteilen. Trotzdem zweigt sie jeden Monat einen kleinen Betrag für gemeinnützige Spenden ab, denn das gehörte immer zu ihrem Leben und sie meint es sich schuldig zu sein, auch im Alter einen sozialen Beitrag zu leisten. Für den Besuch von Kinos, Museen, Konzerten und sozialpolitischen Tagungen ist das Budget klein. Trotz AHV-Rabatten kann sie sich längst nicht das leisten, was sie brennend interessiert und für das sie nach der Pension nun endlich Zeit hätte. Ferien macht sie meistens bei Verwandten in der Schweiz, Hotelferien kann sie sich nur leisten, wenn sie keine große Zahnarztrechnung hat und keine neue Brille braucht.

Die Ankündigung, daß die jahrzehntelang stabilen Säulen der schweizerischen Altersvorsorge plötzlich nicht mehr gesichert sind, war für viele ein Schock.

Die AHV und die Pensionskassenversicherung galten als ungefähr so verläßlich wie der Granit der Schweizer Berge! Daß an diesem Gebäude je gerüttelt werden könnte, hätte vor wenigen Jahren noch niemand für möglich gehalten.

Ehrenmänner und Frauen an der Spitze des Landes wie der »Vater« der AHV, Alt-Bundesrat Tschudy, und Alt-Bundesrätin Dreifuss hielten die Hand über die Sozialwerke, und Versicherungen wie »Rentenanstalt«, »Zürich«, und »Winterthur« galten weltweit geradezu als Markenzeichen für Stabilität und Sicherheit.

Die meisten Einwohner und Einwohnerinnen unseres Landes nahmen an, daß die abgegebenen Versprechen bezüglich Stabilität der AHV und der Pensionskassen »für ewig« Gültigkeit und sie darauf ein »Grundrecht« hätten.

Die Art und Weise, wie die ältere Bevölkerung nun von staatlicher Seite darüber aufgeklärt wird, daß sie sich getäuscht hat, entbehrt jeglichen Fingerspitzengefühls, und teilweise wird mit unwahren Argumenten gearbeitet.

Indem die »Überalterung« der Bevölkerung als alleinige Ursache für das Finanzdebakel genannt wird, wird die »Schuld« unweigerlich den Alten selbst zugeschoben.

Verschwiegen wird, daß das »Loch« in der Altersvorsorge Teil eines Gesamtbundeshaushaltes ist, der in den wirtschaftlichen Boom-Jahren der Schweiz eine Schuldenlast von über hundert Milliarden angehäuft hat: Daß bei den Sparübungen, die nun einsetzen, wie stets in der Geschichte, die wirtschaftlichen Randgruppen wie minderbemittelte Alte oder Fürsorgeabhängige besonders geschröpft werden, ist leider Tatsache. Dagegen muß man sich wehren. An einer Umstrukturierung der Altersvorsorge und Alterssicherung müssen jung und alt mittragen. Selbstverständlich können auch diejenigen, die bereits im Rentenalter sind, davon nicht ausgenommen werden.

Wir Rentner, die in den letzten zehn, zwanzig Jahren pensioniert worden sind, müssen uns bewußt sein, daß wir für die Jahre unseres Erwachsenenlebens eine denkbar günstige »Glücksschnitte der Geschichte« erwischt haben.

Wir erlebten eine Periode ohne Krieg und Wirtschaftskrisen, mit ständig wachsendem Wohlstand, eine Zeit, in der jedermann Arbeit hatte, die Arbeitsplätze sicher und die Arbeitgeber sich ihrer sozialen Verantwortung bewußter waren als heute. Daran haben wir mitgearbeitet, aber wir sind auch mitverantwortlich dafür, daß in eben diesen Jahren die riesigen Schuldenberge aufgehäuft worden sind, die die Gesellschaft heute so belasten.

Es wird in den kommenden Jahren sehr viel politisches Geschick brauchen, um den vor den Kopf gestoßenen älteren Mitbürgern und Mitbürgerinnen eine längere Lebensarbeitszeit begreiflich zu machen, vor allem wenn dies zu Lasten der weiblichen Hälfte geschieht, wie es in der laufenden AHV-Revision der Fall ist.

Mit dem »Schreckgespenst« eines Rentenalters von siebenundsechzig oder gar siebzig Jahren kann die heutige Schicht von Erwerbstätigen zwischen Fünfzig und Sechzig nichts anfangen, sind doch Frühpensionierungen nach wie vor häufig. Außerdem fehlen Konzepte einer altersangepaßten Nutzung von Arbeitskraft und Lebenserfahrung älterer Arbeitnehmer beinahe völlig. Durch das Heraufsetzen des Pensionsalters einerseits und eine frühere Entlassung am Arbeitsplatz andererseits läßt man ältere Menschen in ein Vakuum fallen. Manche sind gezwungen, stempeln zu gehen, wo sie dann, wie ein mir bekannter achtundfünfzigjähriger Arbeiter, jede Woche noch fünf Bewerbungsschreiben abschicken müssen, ein nutzloses und heillos entwürdigendes Verfahren! Sind sie dann ausgesteuert, werden sie häufig auf das Gleis einer Invalidenrente abgeschoben, oder sie sind sogar gezwungen, aufs Sozialamt zu gehen.

Durch die sich schon seit Jahren hinziehenden

Debatten um die künftige materielle Sicherung des Alters sind die betagten Mitmenschen zu einem überwiegend fiskalischen Faktor geworden. Dabei gerät in Vergessenheit, welchen Beitrag die ältere Bevölkerung für die Gemeinschaft leistet, zum Beispiel durch ihre ehrenamtliche Mitarbeit in Familie und Gesellschaft (siehe nächstes Kapitel). Vergegenwärtigt man sich diesen Beitrag, klingt das Wort »Schmarotzer« erst recht deplaziert! Aber Betagte sind auch wertvoll und unverzichtbar durch den Schatz ihrer Erfahrungen und Erinnerungen, durch die Würde ihrer gelebten Jahre, durch ihr Dasein überhaupt. Es ist letztlich nicht das Bruttosozialprodukt, das eine Gesellschaft ausmacht, sondern das Maß an Mitmenschlichkeit, das in ihr zu finden ist.

Damit es zu einer guten Ruhestandslösung kommen kann, sind ein Umbau und eine Humanisierung der Erwerbsaktivzeit nötig.

Dann können und wollen bestimmt viele ihre geliebte und geschätzte Arbeit über die jetzige Altersgrenze hinaus weiterführen, wenigstens teilzeitlich. Es steckt mehr in den Senioren, als jetzt sichtbar ist. Die Realisierung ihres Potentials ist aber noch Utopie.

Ältere Menschen sind in der Regel sehr verantwortungsbewußt. Ich bin mir sicher, daß diese Generation bereit ist, die gegenwärtige Lage mitzutragen. Man darf sie aber nicht bevormunden, muß um gerechten Ausgleich besorgt sein und darf die Alten nicht demütigen, indem man ihnen die Schuld am gegenwärtigen Desaster gibt, nur weil sie länger leben und weniger Kinder zur Welt gebracht haben.

4. Ältere Menschen sind einsam

Die brüchig gewordenen sozialen Netze der postmodernen Gesellschaft lassen das Alter wenig verlockend erscheinen. Neben Krankheit und Hilflosigkeit wird Einsamkeit im Alter am meisten gefürchtet.

Heute weiß es fast jede und jeder: um sich sicher und aufgehoben zu fühlen, braucht es ein gutes soziales Beziehungsnetz. Ständig werden darum Älterwerdende ermahnt, Kontakte zu knüpfen und vorhandene Beziehungen nicht zu vernachlässigen.

Wenn wir in den Kursen am Thema soziales Netz arbeiteten, wurde es im Kursraum meist ganz stil, die zynischen Witze hörten auf. Für viele Frauen und Männer war es ungewohnt, sich über den eigenen Beziehungskreis Rechenschaft zu geben. Auf einem Blatt mit einem Kreis in der Mitte, um welchen zwei weitere Kreise angeordnet waren, sollten die

Teilnehmenden ihre Bezugspersonen eintragen, im innersten Kreis die ihnen am nächsten Stehenden, im zweiten Kreis die etwas Entfernteren und im äußersten Kreis Bekannte, mit denen sie einen unverbindlichen Kontakt pflegten. Der wunde Punkt war der innerste Kreis. Es ist heute nicht leicht, ein soziales Netz zu knüpfen und es aufrecht zu halten.

Das tragende Element der Familie, des Sippenzusammenhaltes, befindet sich in Auflösung. Ich hatte Kurse, in denen die Hälfte der Teilnehmenden allein lebten, entweder geschieden oder getrennt waren oder mit wechselnden Partnern lebten. »Ich habe einen Lover!« Dieser Satz wirkt ziemlich verloren in dem Moment, wo man versucht, eine Perspektive ins Alter zu ziehen, und wo man sich fragt: »Wer sorgt einmal für mich – wen habe ich, um den ich mich kümmern darf?«

Der beschleunigte soziale Wandel treibt die Leute auseinander, Familienangehörige wohnen weit voneinander entfernt, oft über Erdteile verstreut.

Die sozio-kulturellen Netze, Mitgliedschaften in Vereinen, politischen, kirchlichen und kulturellen Gremien sind ebenso der Veränderung unterworfen wie alles andere auch. Wir wechseln unsere Zugehörigkeiten, politischen Überzeugungen und Vorlieben, sind alles in allem »Wechselwähler« geworden, und das macht es schwieriger, sich irgendwo beheimatet zu fühlen. Eine Freundin, mit der ich über Jahrzehnte am »gleichen Strick« zog, hat sich sehr verändert, ist »so esoterisch« geworden, bringt Geschenke aus Indien mit, mit denen ich nichts anfangen kann, schwärmt von Massagen und Yoga, und meine Mahlzeiten schmecken ihr nicht mehr. Wir stellen gegenseitig eine Entfremdung fest, die Interessen und Lebensstile decken sich nicht mehr. Das, was uns einst zusammengeführt hat, ist nicht mehr unsere gemeinsame Welt. Diese Masche in meinem Beziehungsnetz hat sich allmählich gelockert.

In meinen Kursen mit Kaderleuten spielte die Berufsarbeit oft eine sehr große Rolle, die Teilnehmenden bekannten, daß sie kaum Zeit hatten für Freizeit oder Beziehungspflege. Viele Führungskräfte werden vom Beruf geradezu aufgefressen und kennen nur noch das Ziel, den stetig steigenden Ansprüchen, dem immer rasanteren Tempo, den sich Fuß auf Fuß folgenden Umstrukturierungen im Betrieb standzuhalten. Zum Denken oder zum »Baumelnlassen« der Seele, zu einem ruhigen Gespräch mit der Partnerin oder dem Partner bleibt kaum Zeit.

Zu ihnen gehörte in einem meiner Kurse der Chef eines öffentlichen Amtes. Er war eine bekannte Persönlichkeit, wie ich in den Pausen realisierte. Auf der Straße und in Restaurants wurde ihm von allen Seiten zugewinkt. Aber als ich das soziale Netz erklärte, wurde er ganz still und berichtete mir anderntags, daß er sich in einer schlaflosen Nacht bewußt gemacht habe, daß er weder zur eigenen Frau, mit der er zusammenlebte, noch zu den erwachsenen Söhnen eine engere Beziehung hatte. »Und die Leute, die mich grüßen, die grüßen eigentlich mein Amt, von denen kennt mich niemand mehr, wenn ich pensioniert bin«, bemerkte er in plötzlicher Selbsterkenntnis und nahm sich vor, seine Schwerpunkte künftig anders zu setzen.

»Meine Familie ist atomisiert«, so drückte sich ein akademischer Kursteilnehmer aus. Sowohl er wie seine Frau und seine drei kaum erwachsenen Kinder wohnen in derselben Stadt in je einer eigenen Wohnung, alle in wechselnden Beziehungen mit Partnern. Sie sind einander nicht gleichgültig geworden, aber wenn sie einander brauchen, ist es kompliziert, etwas zu organisieren.

Es gibt heute massenhaft Zerstreuungen für die ältere Generation, und diese nutzt sie auch. Die Frage ist nur, wie weit ein voller Terminkalender soziale Wärme verschafft.

Der soziale Wärme-Verlust trifft heute die ganze Gesellschaft. Die Alten sind davon aber stärker betroffen, weil sie auf soziale Beziehungen besonders angewiesen sind. Die flexibilisierte Gesellschaft zerreißt Lebensgeschichten.

Der bereits zitierte Richard Senett prophezeit, daß das Ende der klassischen »stabilen« Berufslaufbahn die Zerstörung von freundschaftlichen und familiären Bindungen nach sich zieht. Senett nennt diese Lebensweise »Driften«. Verwurzelungen an Arbeitsorten, Wohnorten und schließlich auch in sozialen Beziehungen sind fast nicht mehr möglich.

Der 2002 gedrehte Film »About Schmidt« mit Jack Nicholson als Hauptdarsteller zeigt, wie ein Betriebsdirektor völlig gefühlskalt von einem Tag auf den andern gefeuert wird – und wie ihn dann zu Hause eine totale menschliche Ödnis erwartet. Die Frau hat er verloren, Tochter und Schwiegersohn sind mit sich selbst beschäftigt, in tausend Betriebsamkeiten, Abmagerungskuren und Partys verstrickt, die Kontakte mit dem Vater sind auf beiden Seiten Small-Talk, ein Gespräch scheint es seit eh und je nicht gegeben zu haben. Verloren tappt er dann und wann wieder in die alte Chefetage zurück, erkundigt sich, ob er etwa mit einer Information, einem Rat dienen könne, aber er stößt auf eine Mauer: keinerlei Interesse, keinerlei Anteilnahme, es ist, als ob er nie dagewesen wäre, keine Spuren hinterlassen hätte. Der Mann hat keine Lebenserzählung, nichts, an das er anknüpfen könnte. (Als ich mir in Zürich diesen Film ansah, sprach mich nach der Vorstellung ein mir unbekannter, gut gekleideter Mann an und versicherte mir in heftiger Erregung: »Glauben Sie mir, genau so ist es, es ist kein bißchen übertrieben, sondern genau so.«

Während in der statischen Gesellschaft soziale Netze einfach gegeben (und dann allerdings oft auch einengend und eine Last) waren, müssen wir Zeitgenossen uns stets von Neuem motivieren, um unsere Kontakte zu erhalten und neue Netze zu knüpfen. Vor allem aber: Wir müssen je länger, desto mehr ohne die Wärme eines »Heimatgefühls« auskommen, was wiederum erklärt, warum so manche Älterwerdende ihre Zuflucht in patriotischen Symbolen und Geschichten suchen. Wenn man alt ist, lebt man gern im Vertrauten und liebt die Beständigkeit. Beides gedeiht langsam und benötigt Zeit. Die dynamische Lebensweise aber ist dem Wechsel verpflichtet.

»Wer kennt mich denn noch?« fragen Alte, denen die Leute weggestorben oder sonst abhanden gekommen sind und denen die Umwelt fremd geworden ist: die vertrauten Geschäfte weg, der Bahnhof umgebaut und kein Mensch mehr auf der Straße, der einen kennt.

Der Altersforscher François Höpflinger bescheinigt der heutigen Senioren-Generation, daß sie der geforderten Beweglichkeit auch in sozialer Hinsicht in erstaunlichem Maße nachkommt. Wenn Kinder und Enkel eben in Australien oder Japan sind, schickt man halt dorthin eine E-Mail. Den Umgang mit dem Computer hat man gelernt. Und sie schicken eine E-Mail zurück! Verschiedene Umfragen bestätigen, daß die Beziehungen unter den Generationen nicht schwächer geworden sind, aber sie finden weniger »hautnah« statt, sind zum Teil virtueller Natur. Man schickt einander selbstaufgenommene Filme, und eine ganz zentrale Rolle nimmt das Telefon ein. In mancher Altenwohnung liegt neben dem Telefon ein Block mit einem halben Dutzend Telefonnummern, die man regelmäßig wählt und von wo aus man auch regelmäßig angerufen wird.

II. PERSPEKTIVENWECHSEL

1. Positive Herausforderungen der zweiten Lebenshälfte

Unser Altersbild stimmt nicht. Wir müssen umdenken. Alter ist weder nur süßes Nichtstun noch kreative Entfaltung auf Knopfdruck noch Versorgtwerden und anderen zur Last fallen. Im Alter bewältigt der Mensch Lebensschritte, die alle seine angesammelten Ressourcen und Kompetenzen erfordern – und er bewältigt sie im allgemeinen gut.

»Alles, alles Gute ... vor allem gute Gesundheit! Trag dir Sorge, denke endlich auch mal an dich! Gönn dir was, genieße das Leben!« Solche Wünsche können weh tun, wenn man das Gefühl hat, man hätte der Gesellschaft noch etwas zu geben und würde es gerne tun! Mit einer derartig billigen Abfertigung in den »Ruhestand« geschickt zu werden, ist auch für diejenigen hart, die wissen, daß sie sich jetzt sofort um ihre alten Eltern kümmern oder die im Berufsstreß immer wieder hinausgeschobene Operation endlich mal durchführen lassen müssen. Solche Wünsche greifen aber auch für diejenigen zu kurz, die eine innere Lebensuhr ticken hören und wissen, daß jetzt die Zeit kommt für etwas, das in ihrem Innern drängt und darauf wartet, herauszukommen und sich zu entfalten. Schöpferische Prozesse sind, wie man weiß, etwas Anstrengendes und haben nichts mit unseren oberflächlichen Vorstellungen von »das Leben genießen« zu tun.

Unser Altersbild entspricht immer noch dem, was wir seit Generationen auf den bekannten Darstellungen der Lebensstufen in Form einer Pyramide zu sehen bekommen. Da geht es zuerst bergauf, das Kind wird zum Knaben, steigt auf zum Familienvater, um etwa mit Fünfzig den Höhepunkt des Lebens, die Spitze der Pyramide zu erreichen. Alsdann geht es bergab, bald gebückt und am Stock, humpelnd am Arm eines andern, um dann als Greis im Ohrensessel den Gevatter Tod zu erwarten. Vermutlich sind wir alle von diesen Auf- und Abstiegsbildern geprägt und beziehen von dort unsere Wertungen. Die meisten Menschen machen denn auch, wenn man sie allgemein auf ihre Altersvorstellungen anspricht, zuerst ganz unwillkürlich eine abwärts fahrende Handbewegung.

Es ist falsch, die einzelnen Lebensperioden als »Hoch« oder »Tief« zu bewerten. Die Lebensstrecke gleicht einer Linie, von der kein Zentimeter weniger wert ist als der andere, weil jeder Schritt auf diesem Weg den ganzen Menschen, seinen Charakter und seine Weisheit, seinen Witz und seine Fantasie, seine Zuwendung zu sich selbst und zu andern fordert.

Natürlich unterscheiden sich die Aufgaben. In der Altersstrecke gilt es, zentrale Prüfungen zu bestehen: den Austritt aus dem Berufsleben, eine fundamentale Neuorientierung im letzten Drittel des Lebens (diese Umstellung wird erst in der modernen Zeit zum Neuanfang, da früher das Leben viel kürzer dauerte). In diese Periode fallen meist auch die großen familiären Veränderungen, die Kinder sind erwachsen und ziehen aus, die Eltern, hauptsächlich die Mutter, müssen sich angesichts der »Empty-Nest-Situation« nach neuen Rollen umsehen, neue Aufgaben suchen. Die ersten Jahre nach der Pensionierung werden heute meist in gesundheitlich noch guter Verfassung erlebt, aber es braucht viel Selbständigkeit, um den ungewohnten Freiraum so zu gestalten, wie man es eigentlich möchte. Im Alter hat man häufig den Verlust des Ehegatten zu verkraften, nach vielleicht fünfzig Jahren geteilten Lebens. Dieser Verlust wird als eine der schwersten Zäsuren im menschlichen Leben bezeichnet. Hinzu kommt, daß auch sonst immer mehr Menschen um einen herum wegsterben, so daß man schließlich das Gefühl hat, allein gelassen zu überleben.

Zum Alter gehören gesundheitliche Einschränkungen; es gilt, damit leben zu können, daß man ständig »etwas hat«: Gelenkschmerzen, Rückenleiden, verminderte Hör- und Sehfähigkeit, Krampfadern, Prostatabeschwerden, Inkontinenz, Stürze, Krebs. Viele gesundheitliche Schäden können heute zwar dank sensationellen medizinischen Fortschritten in erstaunlichem Maße »repariert« werden, nur braucht alles seine Zeit. Neuorientierung, Umlernen, Üben werden nötig. Stets ist man überrascht, wie gut sich Betagte auch von schweren Operationen erholen, wieder »voll da« sind, das Leben von neuem in Angriff nehmen. Mit zwei Stöcken bewältigen sie die Treppen zum Oberdeck des Ausflugsdampfers oder nehmen einen Rollstuhl, um bequem durch eine Ausstellung zu rollen und die Beine zu schonen.

Mittels einer großen Lupe, die Zeitung ganz nahe bei den Augen, lassen sie sich die neuesten Nachrichten nicht entgehen und lernen die höchst diffizile Handhabung von ausgeklügelten Hörgeräten. Es ist unglaublich, wie viele Anpassungsleistungen Menschen noch in hohem Alter erbringen, um »dabei« zu sein und für voll genommen zu werden. Welche Sorgfalt es nur schon kostet und welche Mühe, ständig adrett gekleidet und frisiert zu sein, Vorbedingung Nummer eins, um in der Gesellschaft jemand zu sein! (Alte mit Zahnlücken, unordentlichem Haar, ausgelatschten, wenn auch sehr bequemen Schuhen, vielleicht sogar Speiseresten auf der Weste: für solche Anzeichen beginnenden

Zerfalls herrscht null Toleranz!) Betagte finden sich in aller Verschwiegenheit damit ab, daß sie Hotelmenüs nicht mehr bewältigen, auf Bahnhöfen die Lautsprecherdurchsagen nicht mehr verstehen und für das Altersproblem der Inkontinenz ständig neu erfinderisch werden müssen, da wegen Vandalismus öffentliche Toiletten auf Bahnhöfen, in Zügen und anderswo immer häufiger einfach geschlossen bleiben. Ruhiges, sicheres Gehen auf Spazierwegen wird, je länger, desto schwieriger, heute, wo die »Alterspromenaden« entlang der Flußläufe und Seen von ganzen Horden von Velofahrern okkupiert werden, und hat man sich vor ihnen auf einen Waldweg gerettet, so fällt einem ein Mountainbike-Fahrer in den Rücken. Schwerhörige erleben unzählige solcher Schreckensmomente, und sie empfinden die vorwurfsvollen Ermahnungen der Umwelt, daß es doch nun technisch hoch entwickelte Hörgeräte gebe, als lieblose Abfertigung, denn abgesehen davon, daß dies alles auch bezahlt werden muß, ist die Regulierung eines Hörgerätes in einer Umgebung, in der dauernd unerwartete Lärmquellen auftauchen, sehr mühsam. Trotz alledem reisen die Betagten zu Fortbildungsveranstaltungen, nehmen Kurse, halten sich up to date.

Die Altersphase ist voller Leben, voller Herausforderungen, eine anspruchsvolle »Tour« auf Pfaden, die gepflastert sind mit Unvorhersehbarem und Überraschendem.

Plötzlich ergibt sich für Verwitwete eine neue Liebschaft, die alles umkrempelt, oder man erfährt einen künstlerischen Aufbruch, den man nicht für möglich gehalten hätte, oder es schneit eine neue Aufgabe herein, mit der man nie gerechnet hat. Unerwartet geraten Enkelkinder in Not. Die Großmutter bindet sich neu die Schürze um, kramt die Kinderspielsachen hervor, übernimmt von neuem die Mutterrolle. Aber es gibt auch tiefe Zäsuren, die schwer zu verkraften sind: chronische Krankheit und der Verlust der physischen oder psychischen Mobilität des Ehegatten; der verläßliche Sohn, auf dessen Hilfe man stets zählen konnte, stürzt in den Bergen tödlich ab, oder die langjährige Wohnung im Viertel, wo man zu Hause war und eine gute Nachbarschaft hatte, muß verlassen werden, weil die Hausbesitzer wechseln. Solche Umstellungen fallen im Alter wesentlich schwerer als in jüngeren Jahren.

Eine phantastische Anpassungsleistung erbringen die heutigen Alten, indem sie sich am immer schneller erfolgenden sozialen Wandel der Gesellschaft beteiligen, damit sie ihre Selbständigkeit nicht verlieren. Ohne das beständige Erlernen des Umgangs mit den aktuellen technischen Errungenschaften werden wir vom öffentlichen Verkehr und der öffentlichen Kommunikation ausgeschlossen. Die begehrtesten Kurse von Pro Senectute Schweiz sind gegenwärtig »Einführung in die Computerwelt« und »E-Mail und Internet«. Kein Mensch kann heute mehr auf die gleiche Art eine Fahrkarte lösen oder an einem öffentlichen Automaten telefonieren, wie er es vor fünf Jahren getan hat. Alte müssen am laufenden Band umlernen.

Anspruchsvoll ist auch das Umlernen in den sozialen Lebensbezügen, dem Lebensstil, den Werthaltungen. Hier sind Betagte vielleicht mit Recht bedächtiger, behalten sich vor, den Grunderfahrungen ihres Lebens treu zu bleiben, auch wenn die jüngere Generation es inzwischen anders macht. Damit verbunden sein kann ein Einsamkeitserlebnis. Meine Mutter sagte in ihren letzten Lebensjahren immer wieder, das Schwerste am Alter dünke sie, daß man mit den eigenen Lebensauffassungen immer isolierter werde, weil diejenigen, mit denen man diese Auffassungen geteilt hat, nicht mehr da sind. Sosehr sie sich auch bemühte, sich in die Gedankenwelt und das Wertesystem der jüngeren Generation einzufühlen und daran teilzunehmen, es blieb doch immer ein Rest von Sich-unverstanden-Fühlen, von Allein-Sein, weil sie das, was ihr im Innersten am wichtigsten war, nur noch mit wenigen teilen konnte. So geht es vielen älteren Menschen mit dem Brauchtum, den Lebensgewohnheiten und bei Themen wie Kirche, Heimat, Familie, Landesverteidigung, Integration von Ausländern etc. In früheren Zeiten erfolgte der Wertewandel ungefähr parallel mit dem Wechsel der Generationen, das heißt man durfte damit rechnen, daß die grundlegend in der Kindheit mitbekommenen

Werte während der Dauer des aktiven Lebens auf gesellschaftliche Akzeptanz zählen konnten, bevor dann die nächste Generation neue Werte deklarierte. In den siebziger Jahren des vergangenen Jahrhunderts berechnete man eine »Werte-Generation« auf nur noch sieben Jahre, und heute fragt man sich, ob es überhaupt noch verbindliche Übereinkünfte über grundlegende Werte gibt. Menschen, die achtzig Jahre gewichtige Lebenserfahrung in sich tragen, schauen hilflos um sich und klagen: »Ich möchte so gerne die heutige Jugend, die heutige Welt verstehen, daran teilnehmen, aber woran kann man sich denn eigentlich noch orientieren?«

Die altersbedingte Abgabe des Führerscheins kann eine elementare Lebenskrise auslösen, und einer der gefürchtetsten Schritte ist der Übergang von der Selbständigkeit zur Abhängigkeit von helfenden Menschen und Pflegeinstitutionen. Manche empfinden den Verlust der Selbständigkeit, der Selbststeuerung, die Notwendigkeit, »das Heft aus der Hand zu geben«, als eine Niederlage. Sie schämen sich, daß sie kapitulieren müssen. Und dennoch gelingt es den meisten der Pflegebedürftigen, sich ihrer Lage anzupassen und mit den sie Betreuenden konstruktiv zu kooperieren.

Vor meinem Fenster promeniert täglich ein älterer Herr. Noch nicht lange ist es her, da kurvte er immer zur gleichen Zeit im Mercedes um die Ecke. »Irgendein Direktor, der es sich leisten kann, erst um elf Uhr zur Arbeit zu fahren«, hatte ich mir gedacht. Jetzt kommt er zu Fuß, Schritt für Schritt, ganz langsam, am Stock. Sieht nicht nach schneller Rekonvaleszenz aus, eher nach Einüben in das, was noch möglich ist: täglich bis zur Kurve und zurück, am Morgen und gegen Abend. Er geht äußerst konzentriert, jeder Schritt ist ein Gewinn. Die Welt um ihn herum hat sich verändert. Er nimmt jetzt vielleicht Mütter mit Kinderwagen wahr, andere Behinderte, die Enten auf dem Kanal. Früher hat er häufig im Auto telefoniert, auf dem Nebensitz die Akten. Heute konzentriert er sich auf den blühenden Busch über dem Gartenzaun am Ende des Sträßchens. Eine Seligkeit, wenn er ihn erreicht, sich an die Holzlatten anlehnt, einen Moment verschnauft.

Was gibt dem Mann die Energie, die Übung täglich zu wiederholen, jetzt schon bald ein Jahr, nicht aufzugeben? Wieso lebt er weiter, wo doch vermutlich alles, was ihm früher wichtig war, nicht mehr existiert? Unter anderem lebt er, ohne davon konkret zu wissen, für mich, die ihm zuschaut. Diese Chiffre des Lebens, diese Reduktion aufs Allernötigste, dieses Nicht-Aufgeben brauche ich. Das gibt mir Zuversicht und verschafft mir Respekt, auch gegenüber dem eigenen Altern.

Nur fünf Prozent aller Fünfundsechzigjährigen leben in Alterseinrichtungen, von den über Achtzigjährigen sind es circa zwanzig Prozent. Das heißt nichts anderes, als daß die allermeisten Betagten ihr Leben bis ganz zuletzt mehr oder weniger selbständig meistern. Ein Beispiel ist jene Hundertvierjährige, die kürzlich in Bern ihren Geburtstag feierte, in ihrer Wohnung im vierten Stock eines Hauses ohne Lift, wo sie seit achtundsechzig Jahren wohnt. Daß alleinlebende Männer und Frauen noch mit neunzig ihren Haushalt allein besorgen, ist keine Seltenheit. Sie trinken ihr Gläschen und haben es miteinander lustig. Das düstere Altersbild, das in unserer Gesellschaft vorherrscht, müßte nicht sein. Wie man reduziert und sich verlangsamt, ohne Freude und Spaß am Leben zu verlieren, könnte einer davonhastenden Gesellschaft, die sich selbst nie über die Schulter schaut und sich in immer aussichtsloserer Weise streßt, ein zuversichtliches Modell sein. Die Infantilisierung der Betagten, wie sie in der Öffentlichkeit und leider auch in der Altersbetreuung oft geschieht, ist gänzlich fehl am Platz.

Es gibt eine weit verbreitete Auffassung, daß Altern dumm mache. Häufig bezichtigen sich die Besagten selbst der Verdummung, beispielsweise, wenn sie sich bei ihrer Vergeßlichkeit ertappen. Es hat aber mit der Intelligenz nichts zu tun, daß unser Kurzzeitgedächtnis mit der Zeit abnimmt. Dies schränkt uns in der Denk- und Funktionsfähigkeit wenig ein, ist mehr lästig und zeitraubend. (Ausgenommen sind natürlich Demenz, Alzheimerkrankheit etc.) Es gibt Übungen, die das Kurzzeitgedächtnis trainieren, wenn man nicht darüber lachen und darauf warten will, daß einem der vergessene Name wieder einfällt.

Gott sei Dank bleibt der Mensch bei geistiger Gesundheit lernfähig bis ins Alter. Aber nur, wenn er den Topf ständig am Kochen hält: Wie sehr wahr das Sprichwort »Wer rastet, der rostet« ist, lernt man, wenn man nur eine Zeitlang aus der Übung gerät. Eine ganz wichtige Grundregel muß aber beachtet werden: Das Lerntempo verlangsamt sich im Alter. Älterwerdende müssen im Beruf und überall im Leben darauf bestehen, daß sie genügend Zeit für einen Lernvorgang haben und daß sie ihren eigenen Lernstil anwenden können. (Die Bücher von Verena Steiner über Lerntheorien sind hier eine gute Hilfe.) In Kursen und in Geschäften, die elektronische Geräte verkaufen, werden Bedienungsanleitungen oft in hohem Tempo heruntergehaspelt (dazu mit unverständlichen Fachwörtern vermischt), und wenn die alte Frau dann zu Hause den neu gekauften Wecker ausprobieren will, schellt der nicht. Resultat: Sie hält sich für dumm! (Denn der Verkäufer hat ihr ja versichert, die Bedienung sei kinderleicht, sogenannt »idiotensicher«.) Ich habe mir angewöhnt, in den entsprechenden Geschäften von Anfang an zu erklären, ich könne nur auf bestimmte Weise lernen. Anfänglich folgt der Verkäufer vielleicht etwas konsterniert meinen Anleitungen, daß ich jede Anweisung zuerst auf meinem Schreibblock »nachschreiben« und nachher eigenhändig am Objekt nachvollziehen muß. Am Schluß lachen wir und der Verkäufer freut sich, wenn ich anderntags melde, daß es zu Hause »geklappt« hat.

Wenn Alte zusehen, wie schnell Junge lernen,

werden sie oft verzagt. Angst ist ein schlechter Begleiter beim Lernen.

Täglich muß man sich sagen: Meine Lernsubstanz ist in Ordnung, ich muß nur meine Lernbedingungen kennen und darauf bestehen, daß ich sie anwenden kann.

Die Jungen können alles neu lernen, die Alten müssen vielfach »umlernen«, das heißt sie haben es schon mal anders gelernt und müssen erst die »Schublade« leeren, wo das früher gelegene Wissen gestapelt ist – das braucht seine Zeit, denn man trennt sich auch nicht gern von etwas, was einmal lange gedient hat (wie zum Beispiel die guten alten Telefonbücher, in denen man so vieles gefunden hat, was man gar nicht suchte, während uns die neue Elektronik in den Automaten kalt und dürftig vorkommt).

Die weitaus meisten Menschen der Altersgeneration bewältigen die nicht geringen Anforderungen dieser Lebensphase selbständig und mit reifer Altersdisziplin. Was man gelernt hat in langen Jahren, vor allem aber auch das Wissen, *wie* man lernen und sich selbst etwas beibringen kann, kommt einem im Alter zugute.

2. Gesundheit ist nicht alles

»Wenn ich nur gesund bleibe!!!« In allen Umfragen unter Älterwerdenden, was ihnen das Wichtigste sei, lautet die häufigste Antwort: »Die Gesundheit!«. Körperliche Fitneß und jugendliches Aussehen sind die ganz großen Trümpfe des Alters, dem Gott »forever young« wird viel geopfert, und an ihm verdienen viele. Die Schönheitschirurgie, die sich hauptsächlich mit dem Straffen von Gesichtsfalten, dem Entfernen von Tränensäcken, dem Absaugen von Fett und dem Aufpumpen von Brüsten befaßt, boomt. Autoren wie der Arzt Ulrich Strunz erzielen mit ihren Büchern Millionenauflagen. »Ewig jung« ist ihre Botschaft. Nach Strunz könnte man hundertzwanzig Jahre alt werden, wenn man sich richtig ernähren und täglich turnen würde. »Wenn Leben Mühsal ist, lebt man falsch«, verkündet er, »Depressionen gehen mit Laufen weg.«

Die prioritäre Bewertung der gesundheitlichen Leistungsfähigkeit bedeutet, daß Krankheit, Schwäche und Abhängigkeit radikal abgewertet oder gar als Selbstverschulden interpretiert werden. Mit allen Mitteln wird versucht, den gesundheitlichen »Level« von Kerngesunden zu wahren, Alterszeichen zu bekämpfen, hinauszuzögern oder wenigstens zu retuschieren.

Glaubt man gewissen Altersratgebern, bereitet man sich auf das Alter am besten vor, indem man Feuchtigkeitsmasken aufs Gesicht und Gurkenscheiben auf die Augen legt, die Küche in ein wissenschaftliches Labor verwandelt, indem man strikte Gebote und noch mehr Verbote der Ernährung befolgt und den Körper in täglichen Prozeduren fit trimmt.

Wir beten heute die Gesundheit an, als sei sie das einzige Heil im Leben, die Voraussetzung zu jeglichem Glück.

Der Gesundheitskult setzt Behinderte, Kranke und Alte herunter, degradiert sie zu »Halbmenschen« und traut ihnen nicht zu, daß sie zu Lebensqualität, Liebe und Glück genauso fähig sind wie sogenannte Gesunde.

Daß Älterwerdende fast ausschließlich auf ihre Gesundheit setzen, exakt auf das, was sie früher oder später aller Wahrscheinlichkeit nach einbüßen, ist pervers.

In der Anti-Aging-Bewegung werden Unmengen an Zeit und Geld eingesetzt, um in Fitneß-Zentren und Wellneß-Kliniken, die wie Pilze aus dem Boden schießen und zusammen mit Sportgeschäften im Jahr 2002 einer der Wirtschaftszweige waren, die am meisten zulegten, die Jugendlichkeit auszudehnen, während in die realen Versprechen des Alters kaum investiert wird. Das Leben wird danach ausgerichtet, es möglichst lang und möglichst fit zu leben, der Abgang endlos hinausgezögert, selbst wenn man dabei innerlich versteinert.

Da grenzt es schon an Häresie, an qualitative Kriterien zu erinnern, zum Beispiel daran, daß die Welt ärmer wäre ohne die Künstlerinnen und Künstler, die mit ihren Werken die Welt heller machen, ihre Schwerarbeit und ihre Verzweiflungen aber oft nur mit Alkohol und Nikotin ertragen und wegen dieses »ungesunden« Lebens oft früher sterben. Ich erinnere hier an den Berner Arzt und Schriftsteller Walter Vogt, der eines der schönsten Altersbücher geschrieben hat.

»Er war eine Kerze, die an beiden Enden brannte«, sagt man von Menschen, die der kommenden Generation eine lange Leuchtspur hinterlassen, aber vielleicht nur eine kurze Erdenzeit gehabt haben.

In meinen Kursen gab es Männer, die beinahe ausschließlich für den Sport lebten, täglich eisern trainierten, um ihre gewohnte Leistung zu halten. Fielen sie zurück, konnte das eine beinahe tödliche Wirkung haben. Ähnlich geht es Frauen, deren Prunk bisher das jugendliche Aussehen war, wenn sie die Handorgeln von Falten an den Oberarmen entdecken und nicht mehr wegbringen, die Operation der Tränensäcke unter den Augen oder die Straffung der Brust mißlungen ist. Es ist, als ob ihr Leben zusammenstürze.

Anstatt dem Gott der Gesundheit, der bislang dem Tod stets unterlegen ist, immer neue Opfer zu bringen, ist es vernünftiger, sich darauf zu besinnen, was man in die Waagschale der Lebenserfüllung zu werfen gedenkt, wenn es gesundheitlich nicht mehr ganz wunschgemäß läuft. Selbstverständlich gehört eine gesunde Lebensführung mit genügend Bewegung und Maßhalten in allen Dingen zum Altersprogramm, auch daß man achtsamer auf körperliche Vorgänge ist und sich um auftretende Beschwerden rechtzeitig kümmert. Aber wenn ich körperlich topfite ältere Ehepaare, die sich nichts mehr zu sagen haben und innerlich »vertrocknet« sind, ihre tägliche Stunde Gehen abarbeiten sehe, selbstverständlich im nagelneuen Freizeitdreß, dann denke ich daran, daß Gesundheits-, Sportartikel- und Schönheitsindustrie am Jugendwahn ganz schön verdienen, während andere »Äcker des Lebens« ungepflügt bleiben.

3. Weiter lernen – gebraucht werden

Eine gute Gesundheit, ein materiell sorgenfreies Leben und das Wissen, »nichts mehr zu müssen«, ergeben noch kein Ruhestandsprogramm. Es ist zwar verständlich, wenn frisch Pensionierte den jahrzehntelangen Druck abschütteln und sich einmal abschotten wollen gegen alle Verantwortung, die immer auf ihnen lastete. Es ist gut, einmal richtig Atem zu schöpfen und zu sich selbst zu kommen.

Aber das sind im wesentlichen Programme für einen Urlaub, für eine »Auszeit«, und davon darf es im Alter reichlich geben; es reicht aber nicht aus, um mehrere Jahrzehnte des Lebens damit auszufüllen. Abgesehen davon: Wer nimmt schon »ewige Urlauber« ernst und erweist ihnen Respekt?

Immer häufiger drücken rüstige Seniorinnen und Senioren den Wunsch aus: »Wir möchten noch gebraucht werden, zu denen zählen, die die Gesellschaft mitbauen und verantworten.« Sie möchten nicht aufs Altenteil abgeschoben werden mit einem »Genieße das Leben und kaufe brav ein«! Glücklich sind wir erst, wenn wir erfahren, daß wir noch für etwas da sind, einen Beitrag leisten können. Dafür ist aber ein Einstellungswandel nötig, nicht nur in der Gesellschaft, sondern auch bei den Alten selbst.

Ältere Menschen, die ein Interessensgebiet haben, ihre Zeit nutzen, um dieses ständig zu vertiefen, darin zu Kennern und Könnern werden, spüren ihr Altern oft kaum. Ebenso geht es denjenigen, die ein soziales, kulturelles oder politisches Engagement leisten, sich zur Verfügung stellen. Eine Leidenschaft läßt einen vergessen, daß man langsamer geworden ist oder dieses und jenes Zipperlein einen plagt.

Ein Schmetterlingsforscher geht bei Wind und Wetter hinaus, obwohl er fast nicht mehr laufen kann, besucht wissenschaftliche Tagungen, obwohl er nur noch wenig hört, hockt in Bibliotheken, obwohl er eine Lupe braucht, um zu lesen. Seine Leidenschaft ist so groß, daß er seine gesundheitlichen Einschränkungen einfach in Kauf nimmt.

Tätig sein, Interessen pflegen und sich der Mitwelt zur Verfügung stellen, zu wissen, wofür man lebt, erhält gesund.

Dies ist ebenso wichtig wie die angemessene Kalorienzahl und die richtige Menge Vitamin C! Wenn der genannte Autor von »Forever Young« empfiehlt, »legen Sie sich einen Muskelpanzer gegen das Altern an«, so würde ich ihm entgegnen: »Sorgen Sie dafür, daß es Menschen gibt, für die Sie da sein können, beschaffen Sie sich Aufgaben – und erinnern Sie sich an Ihre Talente! Sie werden sehen, daß Sie an den meisten Tagen gerne aufstehen.«

Die eigene Persönlichkeit zu entwickeln, kann viel mehr bringen, als einseitig die körperliche Fitneß voranzutreiben, um länger zu leben, ohne zu wissen, warum. Auch die Fixierung auf eine betonsichere materielle Versorgung kann mehr einengen als befreien.

Die Freiheit von äußeren Normen und die Verfügung über viel Zeit kann Anreiz geben, Liebhabereien, die man vernachlässigt hat, wieder aufzunehmen. Klavierspielen oder Malen etwa. Die Erfahrung zeigt allerdings, daß die »kreativen Schübe« im Alter seltener sind als angenommen, die meisten schöpferischen Vorhaben, die vor der Pensionierung genannt werden, werden später nicht realisiert. Trotzdem: In vielen Menschen schlummern Talente, die ungenutzt bleiben, weil die »Trauben« diesbezüglich immer zu hoch hingen. Für die Frauen möchte ich den Wissensdurst, die intellektuellen Fähigkeiten, die technische Begabung, die Fähigkeit zu führen und zu organisieren, für die Männer Einfühlungsgabe, Zuhören, soziales Helfen, Haushalten, Umgang mit Pflanzen, Kindern und Tieren nennen. Sich in ein bisher von geschlechtsspezifischen Tabus versperrtes Gebiet zu wagen, kann ungeahnte Kräfte freisetzen und sehr befriedigen. Ich kenne Männer, die erst, als ihre Frau ernstlich krank wurde, ihre Gabe, zu pflegen, zuzuhören und sich in die Bedürfnisse anderer einzufühlen, entdeckt haben. Ein Politiker, der im Alter während mehr als zehn Jahren seine alzheimerkranke Frau gepflegt hat, bezeichnet diese Lebensphase als eine »Neugeburt« seiner selbst.

Bei Frauen besteht oft große Angst, über das Kunsthandwerkliche hinaus schöpferisch tätig zu sein. Während Jahrhunderten hat man Frauen keinen schöpferischen Genius zugetraut. Ich hatte schon als Schulkind den Wunsch, Schriftstellerin zu werden, aber niemandem hätte ich das zu sagen gewagt, obwohl ich schon damals Manuskripte verfaßte. Erst mit siebenundsechzig Jahren veröffentlichte ich meinen ersten Roman.

Es ist wichtig, sich zu fragen: Habe ich überhaupt Begabungen? Oder habe ich mich immer nur an die

Qualifikationen meiner Arbeitgeber, beziehungsweise daran, was meine Eltern und Geschwister, mein Ehepartner/meine Ehepartnerin von mir wollten, gehalten? Was habe ich als meine Begabung erfahren? Wie könnte ich diese Talente in der Freiheit des Alters entfalten?

Ich erinnere mich an eine Frau, Gattin eines Juristen und eifrige, freiwillige Helferin. Sie hatte einmal Hausbeamtin gelernt und wurde folglich mit Vorliebe dafür eingesetzt, Bazare zu leiten, Buffets zusammenzustellen etc. Jahrelang tat sie das willig. Aber eines Tages warf sie mitten im Abwaschen das Handtuch hin: »Schluß!« rief sie, »Ich mache das nicht mehr!« und band die Schürze los. Immer schon hatte sie studieren wollen. Zugunsten der Brüder hatte sie darauf verzichtet. Mit Neunundfünfzig nahm sie ein Studium auf (sie hatte zum Glück Matura), ging später noch in die Politik. Für einen solchen Weg braucht es nicht nur Begabung, sondern auch Durchsetzungskraft und Selbstvertrauen.

Die Gesellschaft hat gegenwärtig keine herausfordernden Aufgaben für rüstige Senioren bereit, Aufgaben, die ihre Ressourcen fordern und ihr Selbstbewußtsein stärken.

Die durch die Lebensverlängerung gewonnenen rüstigen Jahre im Leben nach der Pensionierung stellen ein gesellschaftliches Vakuum dar, es gibt keine definierten Rollen für diese Zeitspanne. Euphorisch spricht man immer noch von der Alterserfüllung in der Großelternrolle. So beglückend und sinnvoll diese Aufgabe auch ist, man vergißt dabei, daß sich die niedrige Geburtenrate auch auf die Zahl der Enkel auswirkt – und daß die Großelternrolle die heutige lange Altersstrecke nicht auszufüllen vermag.

Wahrscheinlich ist auch ein Einstellungswandel nötig. Mit Selbstverwirklichung allein »schafft« man das Alter nicht. Das Glück der späten Jahre besteht darin, daß man sich freiwillig für Menschen und Aufgaben bereitstellen kann: sich brauchen läßt.

Das in den letzten Jahrzehnten gepflegte Selbstverwirklichungsideal rund um das Wörtchen »ich« ist allein nicht imstande, dem Alter Würde und Sinn zu verleihen.

Professor Jürg Willi, Psychiater und Ehetherapeut, sagt: »Es sind nicht vor allem die altersbedingten psychischen und physischen Funktionseinschränkungen, wie erhöhte Erschöpfbarkeit und Müdigkeit, Wortfindungsstörungen, Altersschwerhörigkeit oder Libidoabnahme, die alt machen, sondern der Verlust an Motivation und Gelegenheit, gestaltend auf die Umwelt einzuwirken.«

Es müssen differenziertere Konzepte für die Lebensjahre zwischen Fünfzig und Vierundsiebzig ausgearbeitet werden, unter Berücksichtigung der spezifischen Ressourcen älterer Menschen.

Eine neue Aufteilung der menschlichen Tätigkeitszeit, etwa nach den Vorstellungen von Professor Hans Ruh, wo sich Erwerbsarbeit mit Sozialzeit (unentgeltlicher oder entschädigter Einsatz im sozialen Bereich) und Ich-Zeit (Zeit für sich selber) schon früh im Leben vermischt, wäre eine günstige Voraussetzung dafür.

4. Freiwilliges soziales Engagement, kritisch betrachtet

Es ist nicht auszudenken, was passieren würde, wenn alle Seniorinnen und Senioren sich von ihren ehrenamtlichen Einsätzen in sozialen, kulturellen und politischen Organisationen zurückzögen!

Wenn sie ihre kostenlose Hilfe in der Familie, etwa das Hüten der Enkel oder das Betreuen und Begleiten der alten Eltern, oder in der Nachbarschaft aufgeben würden! Ein überwiegender Teil derjenigen, die im Alter anderen Menschen soziale Hilfe leisten oder aus Verantwortung für das Gemeinwesen Ehrenämter in sozialen, kulturellen oder öffentlich-rechtlichen Gremien übernehmen, hat dies auch schon zu Zeiten des Berufslebens getan. Mehr als die Hälfte aller Freiwilligen hat eine engere oder lockere Beziehung zu einer kirchlichen Organisation. Wenn sich die Menschen auch immer mehr von der Kirche entfernen, so ist es doch sie, die das

Gleichnis vom barmherzigen Samariter nicht in Vergessenheit geraten läßt, das Gleichnis, das Jesus als Antwort erzählt auf die Frage eines seiner Jünger: »Wer ist mein Nächster?« Früher galt es auch in wohlhabenden bürgerlichen Kreisen als »angemessen«, sich nebenbei in wohltätigen Werken zu engagieren, zum Beispiel durch Übernahme eines Ehrenamtes in einer gemeinnützigen Organisation, vielleicht weit über die Pensionsgrenze hinaus. Diese Tradition ist heute am Verschwinden. Dafür setzen sich viele, die in sozialen Bewegungen oder in der Friedens- und Umweltschutzbewegung mitmachen, unentgeltlich für deren Anliegen ein.

Es gibt Menschen, denen das Helfen wie in der Wolle eingefärbt zu sein scheint. In Wirklichkeit ist es oft eine soziale Rollenzuschreibung, zum Beispiel weil sie ein Mädchen oder das Älteste einer Geschwisterschar sind, früh die Mutter oder den Vater ersetzen mußten. Manchmal leiden sie auch darunter. Sie sind überall, wo Not am Mann oder besser: an der Frau ist, stehen hinter Verkaufsständen wohltätiger Organisationen, organisieren Bazare, besuchen Kranke, arbeiten als ehrenamtliche Kommissions- und Vorstandsmitglieder, lancieren umwelt- und kinderfreundliche Projekte im Viertel, machen auf neue soziale Probleme aufmerksam, sammeln für deren Abhilfe Unterschriften und Geld, setzen sich in der Asylbewerber- und Flüchtlingshilfe ein, entlasten damit die Behörden, übernehmen Hilfsdienste in Spitälern oder leisten als Samariter erste

Hilfe, ersetzen vereinsamten Patienten von Pflegeheimen und psychiatrischen Kliniken die Angehörigen, übernehmen Beistands- und Vormundschaften.

Und wer dankt es ihnen, anerkennt die Leistungen, die sie zugunsten von uns allen erbringen?

Wären die sozialen Engagements der Senioren im öffentlichen Bewußtsein präsent, würde man aufhören, die Betagten als Last zu bezeichnen und ihnen ein schlechtes Gewissen zu machen.

Nach fünfzig Jahren Arbeit im Sozialwesen muß ich sagen: Gratisarbeit verhilft selten zu öffentlicher Anerkennung und gesellschaftlichem Prestige. Alle diesbezüglichen großen Anstrengungen der letzten Jahre wie die Initiative, geleistete soziale Gratisarbeit nach Stundenzahl zu berechnen und dafür eine öffentliche Anerkennungsurkunde auszustellen, die bei Bewerbungen auch als Leistungsnachweis berücksichtigt wird, der Versuch, für Gratisarbeit eine Reduktion der Steuern zu gewähren oder den Aktiven entsprechende Gutschriften auszustellen, dank der sie im Falle eigener Hilfsbedürftigkeit das Recht hätten, freiwillige Hilfe in Anspruch zu nehmen etc., all das ist nicht mehr als ein Tropfen auf einen heißen Stein. Hinter der Diskriminierung der Gratisarbeit steht die unausrottbare Überzeugung derer, die nie helfen, weder durch konkretes Handanlegen noch durch das Ausfüllen von Einzahlungsscheinen (bekanntlich sind das circa 80 Prozent der Bevölkerung, denn sämtliche Gratisarbeit und alle Spenden werden von den immer gleichen 20 Prozent aller Einwohner aufgebracht!), nämlich daß nur bezahlte Arbeit etwas wert sei.

Immer noch wird die Motivation zur sozialen Hilfeleistung argwöhnisch betrachtet, die sozial Helfenden als selbst Hilfsbedürftige abqualifiziert oder, um ein besonders häßliches Schimpfwort zu gebrauchen: als »Gutmenschen«, blauäugig, naiv und eingebildet. »Das muß auch jemand tun, sagen die, die am Straßenrand zusehen, wie freiwillige Helfer Rollstühle schieben, »es ist ja gut, gibt es solche Leute noch«.

Solche herablassende Haltungen bekommen Senioren, die sich ohnehin von der Gesellschaft abgewertet fühlen, oft in den falschen Hals. Immer öfter hört man: »Die zwangsweise Frühpensionierten sollen sich doch in der Altenpflege, bei den Behinderten, in Heimen und Spitälern einsetzen, da werden immer Leute gebraucht!«

Die Vorstellung, daß beruflich qualifizierte Leute, die an ihrer Arbeitsstelle abgehalftert worden oder als Arbeitslose ausgesteuert sind, in irgendeinem Heim oder in der externen Pflege Spitex unter jüngerem Fachpersonal »handlangern«, ist problematisch. Menschen, die vielleicht eben selbst eine Kränkung erfahren haben, brauchen einen längeren Weg, bis sie sich anderen Menschen offen zuwenden können. Ist man ihnen dabei behilflich, kann eine helfende

Tätigkeit allerdings zu einer großen Bereicherung werden.

Freiwilliges Engagement stellt sich nicht über Nacht ein, wenn ich mich grade mal etwas einsam fühle oder mir langweilig ist. Es setzt Motivation, eine humane Einstellung, Selbstakzeptanz und innere Sicherheit voraus, auch Kenntnisse und Schulung sind nötig.

Viele freiwillige Helfer sind allerdings mit den Aufgaben, die man ihnen überläßt, unterfordert. Ihre Ressourcen werden nicht entdeckt, sie werden in ihrer Selbständigkeit eingeschränkt und bevormundend behandelt oder überbetreut. Ideal finde ich es, wenn Senioren selbst aktiv werden, pionierhaft selbst soziale Initiativen entwickeln, Projekte betreiben. Eventuell brauchen sie soziale Institutionen im Hintergrund, aber mehr als Partner und Dienstleister und nicht als Betreuer und Instruktoren. Denn freiwillige Projekte gedeihen nach eigenen Gesetzen und sollten nicht professionell dominiert sein. Auch für Senioren gilt aber wie für alle anderen freiwilligen Helfer, daß man Zusammenarbeit in Projekten regelmäßig auswerten soll.

In von Senioren eigenständig aufgezogenen sozialen Projekten empfiehlt es sich, in Konfliktsituationen professionelle außenstehende Berater beizuziehen.

Wer sich das ständige Zusammenraufen und das Austragen von Machtkämpfen in unabhängigen Projekten ersparen will, der findet in unzähligen sozialen Institutionen eine auf ihn zugeschnittene Einsatzmöglichkeit, wo er/sie auch geschult und begleitet wird.

Wenn ältere Menschen ihr freiwilliges Engagement als ein Geben und Nehmen empfinden, sie sich auch abgrenzen und ihr Engagement beenden können, wenn ihre Ressourcen erschöpft sind, fühlen sie sich inhaltlich bereichert.

Es ist falsch, zu glauben, soziales Helfen müsse hundertprozentig »selbstlos« sein. Eine Beziehung ist viel tragfähiger, wenn beide Seiten etwas davon haben. Es ist gesund, wenn ich darauf achte, daß ich nicht zu kurz komme.

Frau G., eine geistig und kulturell sehr vielseitig interessierte und engagierte Frau, verlor ganz plötzlich ihren Mann, als dieser kurz vor dem Ruhestand im Auto einen Herzinfarkt erlitt. Die Umstellung war enorm. Nie hätte Frau G. gedacht, daß sie ihren Mann, der um viele Jahre jünger war als sie, überleben würde. Sie fiel in ein tiefes Loch. »Wofür bin ich noch da? Wer braucht mich noch?« fragte sie sich immer wieder.

Hätte ich damals nicht die Rotkreuzfahrten gehabt ...« sagte sie viele Jahre später. »Sie gaben mir Boden. Wenn ich dasaß und nicht weiter wußte, holte mich ein Telefonanruf aus meiner bleiernen Apathie, weil ich realisierte:

Hier ist jemand auf mich angewiesen. Und ich zog die Schuhe an und machte mich auf den Weg.«

Frau G. chauffierte während langer Jahre abgelegen auf dem Land wohnende Gehbehinderte in Krankenhäuser, Therapiestationen und zu Kuraufenthalten, kannte die einschlägigen Parkmöglichkeiten und wußte, bei welchem Arzt man lange warten mußte, welche Informationen man besser nochmals überprüfte, was man alles mitnehmen mußte. Sie kannte auch ihre Patienten, zu denen sie ein persönlich zurückhaltendes, aber sehr hilfsbereites Verhältnis hatte. Sie hievte Rollstühle ins Auto und wartete im Sanitätsgeschäft geduldig, bis ihre Patientin die richtigen Stützstrümpfe ausgewählt hatte. Sie setzte auch Grenzen, wies unbotmäßige Wünsche ab. Sie war kompetent, sehr taktvoll, herrlich unkompliziert und weckte in denen, die ihre Hilfe brauchten, niemals Schuldgefühle. Ihre weitgespannten Interessen und ihr großes persönliches Beziehungsnetz halfen ihr, innerlich unabhängig zu bleiben. »Aber es vermittelte mir einfach einen Halt, immer zu wissen, daß es Menschen gab, die mich unmittelbar nötig hatten.« Öffentliche Anerkennung hat sie dafür nicht bekommen, aber die paar Franken, die das Rote Kreuz für die Fahrten entrichtete, gaben der in finanziell beengten Verhältnissen Lebenden die Möglichkeit, Bücher anzuschaffen und in ihr heißgeliebtes Kino zu gehen. Heute ist sie fast Neunzig, sie ist zunehmend gebrechlich, aber ihre Augen strahlen, und sie sagt: »Ich habe Glück gehabt.«

Die ältere Generation sollte nicht zu Gratisarbeit »verknurrt« werden. Erzwungene Gratisarbeit gibt Rosen ohne Blüten und lohnt den bürokratischen Aufwand nicht. Abgesehen davon müßte einem solchen Einsatz noch beträchtliche Nachschulung der Professionellen im sozialen und gesundheitlichen Bereich vorangehen, hauptsächlich was die Respektierung und Berücksichtigung der Fähigkeit von im Leben »Altgedienten« anbelangt.

Ehrenamtliche Mitarbeit würde nur dann volle Anerkennung genießen, wenn sich die ganze Gesellschaft diese zur Pflicht machen würde. Dazu brauchte es aber einen Perspektivenwechsel in unseren Werthaltungen. Solange das unentgeltliche Helfen und das Einstehen für soziale Gerechtigkeit, das Aufdecken von sozialen Mißständen überwiegend Frauen, Älteren und solchen, die ein geringes Sozialprestige haben, überlassen bleibt, müssen wir noch darauf warten.

bens hinter uns gelassen haben, uns im Mittag befinden, der den Abend voraussagt. Aber daß unsere Lebenszeit begrenzt ist, haben wir vielleicht bisher verdrängt, und wenn wir der Tatsache nicht mehr ausweichen, sind wir vielleicht zunächst geschockt.

»Im Spätsommer ist übrigens der Sensenmann vorübergeritten. Wir standen noch untätig vor der zweiten Mahd, noch standen Butterblume, Kartoffelkraut und Blattspinat in voller Blüte, es wehte durchs Espenlaub, die Wiesen waren noch nicht unverblümt, Mauersegler und Kropfschwalben zogen allabendlich und allfürchterlich kreischend über meine und andere Standpunkte, der Salat stand kurz vor dem Schießen – da reitet doch tatsächlich dieser Sensenmann heran. Leicht klappernd und knirschend saß er ein wenig gebeugt – er ist ja der Jüngste nicht mehr, was er mit uns gemeinsam hat – im Sattel seiner Schindmähre. Wir hatten einander lange nicht gesehen, genaugenommen hatten wir uns noch nie gesehen.«

Wolfgang Hildesheimer, von dem dieses Zitat stammt, ist zu seinem Traumerlebnis zu beglückwünschen: Es hat ihm rechtzeitig den Weg in ein reiches Alter gewiesen. Er hat die Pforte nicht verpaßt, die einen neuen Lebensraum öffnet, wo die Konturen klarer und unerbittlicher werden und sich des Lebens Süße und Schwere aufs Wesentliche hin verdichtet. Ich glaube, es ist gut, wenn man sich den Einschnitt bewußt macht, ja dazu sagen kann. Das braucht nicht zu heißen, daß man das Alter schöner als die Jugend und Werdezeit finden muß! Vermutlich trauern wir dem Frühling und Sommer unseres Lebens von Zeit zu Zeit nach, werfen im Verborgenen einen Blick auf das Kleid im Schrank, in dem wir hinreißend ausgesehen haben etc. etc.

Ja sagen zur neu anbrechenden Lebensperiode heißt, ihre spezifischen Chancen anzuerkennen und sie offensiv zu nutzen.

Je früher wir dies tun, desto vielfältiger sind die Möglichkeiten, unter denen wir wählen können! In meiner Beratungspraxis traf ich immer wieder Menschen zwischen Mitte Vierzig und Mitte Fünfzig. Ein erstes Alterserlebnis hatte sie bereits gestreift, vielleicht Veränderungen im Aussehen (graue Haare, Gewichtszunahme, Wechseljahre), vielleicht gab es Warnzeichen im Beruf (eine ersehnte Beförderung blieb aus Altersgründen aus, ein Umstrukturierungsprozeß überforderte die Kräfte, oder sie merkten, daß die Arbeit zur Routine geworden war, keine Herausforderung mehr enthielt). Vielleicht gab es Veränderungen im Privatleben, Kinder waren ausgezogen, die Ehe war unattraktiv geworden, man hatte eine Trennung oder Scheidung hinter sich, oder sie realisierten, daß sie langsam eine alte

Jungfer, ein Hagestolz wurden und fragten sich, ob das so bleiben solle.

Manche redeten dann davon, daß etwas geschehen müsse, schoben notwendige Schritte aber immer wieder hinaus – bis sie eines Tages resigniert erklärten: »Was will ich jetzt noch, mit Neunundfünfzig?« oder, bereits pensioniert: »Nur Ruhe, ich brauche nichts anderes mehr.«

Standortbestimmungen und entsprechende Umsetzungen ins Leben erfordern viel Zeit, Pensionierungsvorbereitungskurse wenige Monate vor der Ruhestandsgrenze lassen viel zuwenig Spielraum, um sich langfristig umzuorientieren.

An meinem fünfzigsten Geburtstag passierte mir etwas Seltsames. Ich hatte um diese Zeit den Eindruck, an einem Höhepunkt meines Lebens angekommen zu sein. Nach einer Lebenskrise um Vierzig herum hatte ich mit Achtundvierzig geheiratet und war glücklich. In der beruflichen Tätigkeit hatte ich einen Sprung nach vorn gemacht, fühlte mich gefordert und sah Spielraum, um meine Ziele zu verwirklichen. Es ging mir recht gut, und ich spürte meine Kraft.

Aber als ich am Morgen des fünfzigsten Geburtstages erwachte, fühle ich mich wie gelähmt. Ich hatte schlecht geträumt. Ohne mich an Einzelheiten zu erinnern, wußte ich nur noch, daß irgend etwas bachab gegangen war. Ein großes, gewaltiges Wegschwemmen hatte stattgefunden, so schlimm, daß mir beim Aufwachen die Tränen gekommen waren.

Um die trübe Stimmung zu verscheuchen, machte ich einen Lauf an der frischen Luft. Es trieb mich in den Berner Rosengarten, wo im Juni immer alles in Blüte steht. Ich suchte meinen Lieblingsstrauch mit den kugeligen gelben Rosen, die Blättchen dicht an dicht. Aber was für eine Enttäuschung: Die Rosen waren bereits verblüht, lagen entblättert am Boden. Zudem hatte es in der Nacht geregnet und die Regentropfen auf den verwelkten Blättern waren wie Tränen, die der Pracht nachweinten.

Das hatte ich nun gerade nicht gesucht! Aber irgend etwas ließ mich lange vor dem Busch stehen bleiben. Es dämmerte mir, daß es nun bald mit diversen Freuden, die zum jüngeren Leben gehören, zu denen ich aber relativ spät gekommen war, wie durchtanzte Nächte, das Sich-glücklich-Fühlen mit dem eigenen Körper etc., zu Ende gehen dürfte. Und langsam wurde mir auch bewußt, daß die Nacht mir bisher nicht erfüllte Lebenswünsche vor die Füße geschwemmt hatte, zum Beispiel Kinder zu haben oder einen künstlerischen Beruf auszuüben. Im Verborgenen waren diese Wünsche wohl immer noch anwesend geblieben, und ich hatte ihnen nachgehangen. Aber mit dem Einschnitt meines fünfzigsten Geburtstages sah ich klar: für manches war es nun zu spät.

Im Nachdenken über den verwelkten Rosenstrauch aber kam mir auch die Erkenntnis, daß unsere Jugend, unsere Entwicklungszeit ja nicht immer so blühend ist, wie es die Vorstellung will! Ich hatte eine nicht einfache Jugend, und manche Knospen waren schon früh verdorrt. Mit Fünfzig aber stand ich fest mit beiden Beinen auf dem Boden, ich fühlte mich geliebt und konnte selbst lieben, ich war mir auch bewußt, daß ich zu etwas fähig war, etwas zu sagen hatte. Ich sah auch besser aus als mit Mitte Zwanzig. Damals war ich übergewichtig, kleidete und frisierte mich unvorteilhaft, wie es so ist bei Menschen, die nicht wissen, was sie sind und darstellen wollen. Mit Fünfzig hatte ich zwar einige Silbersträhnen im Haar und da und dort eine Falte, aber ich war schlank, und meine Ausstrahlung war gut, wie es der Fall ist, wenn ein Mensch mit sich selbst im Lot ist. Als ich jung war, war ich voller Schuldgefühle und Lebensängste, mit Fünfzig konnte ich mich akzeptieren und erwartete noch etwas vom Leben. Die traditionellen Leitvorstellungen über die einzelnen Lebenszeiten stimmen also in vielen Fällen nicht. Aus meinen Beratungen weiß ich, daß die Biographien oft nicht nach konventionellen Vorstellungen verlaufen – und zwar zugunsten der zweiten und dritten Lebensperiode. Die bekannte Feministin und ehemalige Leiterin des Evangelischen Tagungszentrums Boldern bei Zürich, Marga Bührig, beschreibt in ihrer Biographie »Spät habe ich gelernt, gerne Frau zu sein«, wie viele Jahre es gebraucht hat, bis sie die in ihr ruhenden Kräfte entfalten, Freude und Lust am Leben ausdrücken und auch ihre weiblichen Seiten einbringen konnte in einer Welt, in der Kirche und

Gesellschaft der Frau wenig Raum gewährten. Erst nach ihrer Pensionierung wurde sie als Mitglied des Präsidiums des ökumenischen Weltkirchenrates als politische Stimme über Europa hinaus bekannt.

Nach meinem fünfzigsten Geburtstag wußte ich, daß ich etwas Kostbares in den Händen hielt, meine Zeit aber auch begrenzt war. Es war die »letzte Zeit« und nicht eine, nach der noch etwas und noch mal etwas kommt. Der Zenit des Lebens war überschritten. Die Lebenssonne fiel schräg ein und warf längere Schatten. Es war, wie wenn im prallen August sich plötzlich die Lichtverhältnisse ändern, die Welt einen Moment völlig stille steht, einen glasigen, durchsichtigen Schein bekommt und dann die Sonne goldener, intensiver leuchtet, es aber auch früher einnachtet und kühler wird, Nebel aufkommen, die alles einhüllen und den Erscheinungen die Wichtigkeit nehmen.

Es gibt Verwandlungen, es gibt Neuentdeckungen und Ausweitungen zwischen Fünfzig und Sechzig, und später erst recht und immer wieder, noch und noch, wenn man sie sucht, sich Raum dafür nimmt und nicht gedankenlos konventionelle, antiquierte Altersvorstellungen übernimmt, die einem auf Schritt und Tritt sagen, daß dies und jenes »in meinem Alter« nicht mehr in Frage kommt, man sowieso zu müde ist und überhaupt …

Mit Sechsundfünfzig habe ich eine gesicherte Kaderstellung verlassen (was allerdings finanzielle Verluste nach sich zog, die ich noch heute spüre), weitete in einer selbständigen Beratungs- und Kurstätigkeit meine Interessensfelder aus – und gelangte schließlich mit siebenundsechzig Jahren dorthin, wo ich schon als Schulkind gerne hinwollte: Ich hatte literarisch zu schreiben begonnen und gab meinen ersten Roman heraus.

Ich finde es ganz wichtig, daß man dem, was nun einmal ist, in die Augen schaut und daraus etwas zu machen sucht. Gerne wäre ich länger unbeschwert jung gewesen, ich hätte vieles nachzuholen gehabt aus jüngeren Jahren, wo ich manches nicht leben konnte. Aber mit Siebenundvierzig litt ich zwar darunter, daß ich immer noch ledig war, aber ich sah keinen Ausweg. Bis mich eines Tages die Leiterin einer Erwachsenen-Bildungsstätte anrief, sagte, sie organisiere eine Tagung für ledige Frauen, denn dieses Thema sei völlig tabuisiert in der Gesellschaft, und sie könne sich mich als Referentin vorstellen. Ich sagte ohne zu zögern ab, schob berufliche Überlastung vor. Die Heimstättenleiterin jedoch ließ mir das nicht durch, bestand hartnäckig darauf, ein Eintauchen in dieses Thema könne mir selbst etwas bringen. Schließlich gab ich widerwillig nach.

Als ich mich intensiver mit dem geforderten Referat zu befassen begann, wurde mir schnell klar, daß dieses mit einem Sätzchen aus drei Wörtern beginnen mußte. Es hieß: »Ich bin ledig.« Bloß konnte ich mir nicht vorstellen, daß ich diesen Satz vor einem Saal voller Leute über meine Lippen bringen würde. Denn das Ledigsein ist tatsächlich bis heute ungemein tabuisiert geblieben und wird mit Bemerkungen wie »Sie hat keinen abbekommen«, »Sie ist sitzengeblieben«, »Sie ist ein Blaustrumpf«, »Sie ist eben keine rechte Frau« etc. quittiert ... Gerade deswegen wußte ich: Wenn ich mich mit dem, was Tatsache war, nicht schnörkellos »outen« konnte – das heißt ohne mich zu rechtfertigen, als sei mein Alleinsein selbst gewählt, etwa weil ich mich zur Hilfe an die Menschheit berufen fühlte oder ein früherer Geliebter früh gestorben oder der einzige Mensch, den ich je lieben würde, eben verheiratet war –, wäre mein Referat im Eimer.

Als ich den Vortrag niedergeschrieben hatte, spürte ich, daß sich in mir etwas zu verändern begann: Aus dem »Alleinstehen« konnte auch etwas herausgeholt werden, diese spezielle Lebensform hat auch sehr viele Vorteile – wenn man sie nutzt und gestaltet. Kurz: Ich konnte meine Lage annehmen, sie als Herausforderung ansehen.

Das Referat wurde ein Erfolg, ich mußte es an vielen Orten wiederholen, es wurde publiziert und ich wurde zu einer Fernsehsendung eingeladen. Plötzlich war das, was ich tabuisiert hatte, etwas geworden, woraus ich schöpfen konnte, womit ich ein Profil gewann. Und dann, im Laufe dieser Zeit, huschte ein Gedanke in meinen Kopf, der so skurril war, daß ich eher von einem Einfall oder gar einer Erleuchtung, die mich heimsuchte, sprechen muß. »Wenn du so gut ledig sein kannst, könntest du ja nun auch heiraten«, lautete der erleuchtende

Einfall. Nur zwei Monate später, ich hatte die Referatreihe zum Thema »Ledigsein« noch gar nicht abgeschlossen, war ich liiert mit dem Mann, mit dem ich heute noch verheiratet bin und der mein Leben gewaltig ausgeweitet hat. Das Annehmen meines So-Seins hat meinen mir unbewußten Widerstand gegen das, was ich eigentlich wollte, weggewischt. So oder ähnlich dürfte es mit dem Altern sein.

Wenn ich die Energie, die ich bisher vergeudete, um mein Älterwerden zu vertuschen, wegzuretuschieren, im Gegenteil dazu verwende, die Versprechen der auf mich zukommenden Lebenszeit auszukundschaften, wenn ich in diese einzigartige Zeit investiere, daraus schöpfe, habe ich keine Angst mehr, sondern mache mich neugierig und erwartungsvoll auf den Weg.

Jugendliche Eigenschaften tauchen ja auch beim Älterwerden immer wieder auf: die Neugier packt uns mal wieder – oder die jugendliche Begeisterung. Aber es sind nicht mehr unsere spezifischen Wesenszüge, wir gehören nun einer anderen Generation an.

2. Neue Lebensschwerpunkte setzen

Nach und nach ist es klar: Etwas kommt zum Abschluß – etwas Neues beginnt. Dieser Prozeß fängt lange vor der Pensionierung an. Oft zeigt sich eine Neupositionierung im Leben schon rein äußerlich. Wir verändern unser Outfit.

Nach eingehenden Musterungen im großen Spiegel, wo wir unsere ganze Person wahrnehmen können, laufen wir nicht mehr erschreckt weg, weil uns dies und jenes nicht gefällt, sondern akzeptieren, daß wir in einen neuen Lebensabschnitt eintreten.

Sofort wächst die Lust auszuprobieren, was uns nun steht, unser neues Profil heraussticht. Wir ändern den Stil unserer Kleidung, die Frisur, die Farben. Wir entdecken, daß uns Sportlich-Elegantes besser steht als Romantisches, Körper-Entblößendes. Zum Gehen brauchen wir Schuhe mit rassigem Schnitt und festem Tritt. Kräftige Farben passen gut zu verblassendem Haar – vielleicht tut es uns auch gut, dieses färben zu lassen. (Gefärbtes Haar ist oft aus rein »geschäftlichen« Gründen opportun!) Die Haare zu färben, sich Rouge aufzulegen, die Nägel zu lackieren, bedeutet noch lange nicht, das Alter zu verdrängen. Es kann einfach bedeuten: »Ich habe mich gern – und will so schön wie möglich sein!« Beginnende Anzeichen von »Schwere« werden mit innerem Elan bekämpft. Zwischen Fünfzig und Sechzig nehmen wir oft an Gewicht zu, was mit Selbstabwertung verbunden sein kann. Man sollte sich entscheiden: entweder man liebt sich so, wie man ist – und hilft mit entsprechenden Kleidern und Tüchern nach – oder man entschließt sich, das Übergewicht loszuwerden. Mit Selbstverachtung unnötige Pfunde mit sich herumzuschleppen, lohnt sich nicht.

Die Schwere liegt auch in den Gliedern. Wir nehmen uns Zeit, uns um sie zu kümmern. Früher »funktionierte« alles von selbst, jetzt müssen wir nachhelfen. Wir müssen umdenken: Unser Körper hat jetzt ein gewichtiges Wort mitzureden, verlangt Aufmerksamkeit und Zuwendung. Wir achten darauf, was wir essen (und trinken!), wir tun alles, damit wir gut schlafen. Ein Lernprozeß, der vor allem gute Selbstbeobachtung, liebevolle Zuwendung zum eigenen Körper, Disziplin und erst in zweiter Linie Bücher, Kurse und Arztkonsultationen benötigt.

Nach Fünfzig verändern sich auch die geschlechtsspezifischen Persönlichkeitsanteile. Bei Frauen kommen die maskulinen Merkmale zum Vorschein, sowohl im Aussehen wie im Wesen. Männer fangen mit fortschreitendem Alter oft an, in den Gesichtszügen ihrer Mutter zu gleichen, die

»weichen« Wesensmerkmale verstärken sich. Diese Veränderungen rufen neue Interessen wach.

Frauen trauen sich oft erst nach Fünfzig zu, zu führen und verantwortungsvolle Aufgaben zu übernehmen. Männer umgekehrt sehnen sich vielleicht nach Entlastung von Entscheidungspositionen und vermehrten mitmenschlichen Aufgaben. Eine berufliche und persönliche Standortbestimmung nach Fünfzig und eine Neuausrichtung der Laufbahn lohnen sich. Diese sollte aber nicht nur die verbleibenden Jahre bis zur Pensionierung einbeziehen, sondern die Frage behandeln:

Was will ich später tun – und was kann ich jetzt schon dafür vorbereiten? Je früher dies geschieht, desto großer sind die Möglichkeiten.

Eine radikale Neuausrichtung im Beruf ist nach Fünfzig kaum mehr denkbar. Die meisten knüpfen in einer neuen Tätigkeit an erworbene Kernkompetenzen an. Diese muß man sich bewußt machen und sie pflegen, indem man sie à jour hält. Gerade bei Frauen kommt es häufig vor, daß ihre effektiven beruflichen Leistungen das Pflichtenheft übersteigen, sie Verantwortung übernehmen, die in keinem Verhältnis steht zu ihrem Gehalt. Es lohnt sich, sich für eine Position einzusetzen, die den eigenen Kompetenzen entspricht und auch entsprechend honoriert wird.

Eine Krankenschwester, der Institution Krankenhaus überdrüssig, macht sich nach Weiterbildungen selbständig, eröffnet eine Gesundheitspraxis, bietet Kurse an und schreibt ein Buch über gesunde Wickel, das sehr erfolgreich ist. Eine Verlagsmitarbeiterin, mit einem gut verdienenden Mann verheiratet, nimmt das Risiko auf sich, einen eigenen Verlag zu gründen und selbständig Bücher herauszugeben. Lehrer, Sozialarbeiter, Kaderleute lassen sich zu Beratern umschulen, behalten zur Sicherheit ein berufliches »Standbein«, arbeiten im Übrigen selbständig. Andere machen einen radikalen Schnitt, kommen zur Einsicht, daß man zum guten Leben nicht den in der Schweiz üblichen Komfort braucht, ziehen in Gegenden oder Länder um, wo das Leben weniger kostet, und werden Weinbauer.

Alle diese Umdispositionen bergen ein beträchtliches Risiko! Sie kommen nur in Frage für Menschen, die mit Existenzängsten leben können, diese vielleicht sogar brauchen. Manche scheitern mit diesem Versuch, für andere wird er zur großen, lebenserweiternden Erfahrung.

Ein weit geringeres Wagnis ist der Versuch, das Arbeitspensum zu reduzieren und einen finanziellen Verlust in Kauf zu nehmen, dafür aber ein, zwei Tage pro Woche für den Aufbau eines Lebensinhaltes, der im Alter fortgesetzt werden kann, zu reservieren.

Ein Jurist in verantwortungsvoller Position, seit jeher mit einer Leidenschaft für den Zirkus, besucht nun regelmäßig

Zirkusleute und lernt das Jonglieren. Er setzt sich in rechtlichen Belangen für dieses wandernde Volk ein – und nach der Pensionierung wird die Zirkuswelt ein Teil seines Lebens. Eine Sekretärin, die schon lange »heimlich« malt, wagt die erste Ausstellung, hat damit Erfolg. Ein solcher Schritt fällt vor der Pensionierung viel leichter als nachher. Ein Chefbuchhalter entdeckt mit seinem behinderten Enkel seine Fähigkeit, sich in verlangsamte Menschen einzufühlen. Er reduziert seine Tätigkeit und arbeitet jede Woche in einem Heim mit behinderten Kindern unentgeltlich mit. Nach der Pensionierung wird ihm diese Arbeit zur Passion, er erlebt sich selbst ganz neu.

Ich glaube, um Richtungsänderungen vorzunehmen, braucht es vorher eine Zeit der Stille, der Besinnung auf sich selbst und das eigene Leben. Franz Hohler nimmt mit sechzig Jahren ein Jahr »Auszeit«, um sich, wie er sagt, »aufs Alter vorzubereiten«. Ich besann mich aufs schriftstellerische Schreiben während eines Bildungsurlaubes Anfang Fünfzig.

Aber die meisten haben diese Möglichkeiten nicht. Das »Sich-neu-Ausrichten« muß auf den Ruhestand verschoben werden. Das ist aber gar nicht so leicht, denn das Vakuum, das sich dann plötzlich vor einem auftut, kann auch Angst machen. Und viele stopfen »das Loch« sogleich mit Aktivitäten voll, füllen die Agenda wie eh und je, versorgen sich mit »Terminen«, diesem modernen Synonym persönlicher Wichtigkeit. Pensionisten trumpfen denn auch, wenn man sie nach ihrem Ergehen fragt, mit Vorliebe sofort auf mit dem, was sie alles »los haben« und viele klagen – wie die Erwerbstätigen –, daß sie zuwenig Zeit haben. Es gibt mehr Senioren, die sich über Zeitmangel beklagen, als solche, die nicht wissen, was tun. Auch darin gleichen sich die Alten den Jungen an.

Das Gefühl des Gehetztseins und unter Druck zu stehen kann zu einer Grundbefindlichkeit werden, die sich auch im Alter nicht mehr abstreifen läßt.

In meinen Kursen machte der zynische Alterswitz die Runde: Kennst du den Seniorengruß? Ein Rentner trifft einen anderen, will stehenbleiben und plaudern, der andere jedoch winkt mit der Hand ab: »Ha ke Zyt« und hastet an ihm vorbei.

Ich finde es jammerschade, wenn wir den herrlichen Freiraum des Ruhestandes zerstören, indem wir unsere Tage vollstopfen mit Aktivitäten und Verpflichtungen, die uns in denselben Streß versetzen wie der Beruf anno dazumal ... Was ist es doch für ein Geschenk, an einem klaren Herbstmorgen alles liegenlassen und sich spontan für eine Wanderung entschließen zu können! Eine Freundin, die sich dringend aussprechen möchte, nicht zu frustrieren durch mühsames Durchblättern der Agenda, sondern sagen zu dürfen: »Ja komm, ich bin nicht so besetzt, habe nun Zeit ...«

Zeit haben, das Lob des Nichts-Tuns singen – was

für eine Möglichkeit! Zeit haben für lange Gespräche mit dem Ehemann, Geschwistern, Freundinnen und Freunden, Zeit auch für Klärungen und Vertiefungen, was nur gelingt, wenn man nicht vor oder nach dem Gespräch einen wichtigen Termin hat, der die Aufmerksamkeit schon zur Hälfte wegfrißt, sondern so in Ruhe beisammen sein darf, daß es auch Pausen im Gespräch am runden Tischchen vor dem Haus geben kann, neben den blühenden Rosen, Zeit zum Staunen und Nachdenken mit dem Blick über die glitzernde Fläche des Neuenburgersees. Dabei lernt man Menschen, die man schon lange kennt, oft ganz neu, von ganz anderen Seiten her kennen. Zeit haben für »Lesen am Stück«, für das Schreiben langer Briefe …

Sich aus der fest programmierten Zeit zu lösen, ist anspruchsvoll.

Jahrzehntelang ist man im Geschirr gelaufen, mit straffen Zügeln. Viele haben ihrer Lebtag nie gelernt, die Hände in den Schoß zu legen und innezuhalten. (In dem Haus, in dem ich aufgewachsen bin, gab es keine Liegestühle, es gab überhaupt keine bequemen Stühle – wie soll man sich da zurüklehnen, sich entspannen können?)

Sich den Tag und seine Spielräume neu aneignen: sich lösen aus dem quälenden Achtstundentakt des Arbeitstages, Eintauchen in den Freiraum, der bisher verschlossen war. Entdecken, daß man kein Mittagessen oder noch besser kein Abendessen braucht, die Uhr weglegen kann. Um vier Uhr früh den erwachenden Tag erwandern, die Berge noch eisgrau, das Tal im Schlaf, noch tief im Schatten. Um Mitternacht in den gestirnten Himmel schauen. Den eigenen Bio-Energie-Rhythmus entdecken: zu welchen Tageszeiten brauche ich Siesta, ist mit mir nichts los? Zu welcher Uhrzeit bin ich energiegeladen?

Meistens bleibt es beim Wunschtraum. Der Mensch ist ein Gewohnheitstier. »Ohne einen festen Rahmen stürzt man leicht in ein Loch«, warnen Alterspädagogen nicht unbegründet. »Eine Tagesstruktur muß man schon haben.« Und mancher schlittert dann in das hinein, was er vorher schon hatte und immer los sein wollte.

Eine mit Arbeit stets überlastete, arg gestreßte Entwicklungshelferin sehnte sich enorm nach dem Ruhestand. Nach dem letzten Arbeitstag schwärmt sie: »Herrlich! Endlich kann ich tun und lassen, was ich will!« Aber ihre Agenda war schon randvoll mit Aktivitäten, die haargenau dem glichen, was sie schon immer getan hatte. Bevor sie den Freiraum ihres neuen Lebens nur beschnuppert hatte, war er schon vollgestellt mit dem »Mobiliar« ihres früheren Lebens, und so schleppt sie sich denn weiter, Jahr für Jahr prophezeiend, »daß es nächstes Jahr besser werde«.

Vielleicht ist das einfach die menschliche Natur. Vielleicht erwarten wir zuviel?

Es braucht innere Stärke, um nach der Pensionierung dazu zu stehen, daß man noch nicht recht weiß, was werden soll, man am Suchen ist.

Suchen macht unsicher, es geht einem vielleicht deshalb nicht besonders gut. Ein Tag, der leer vor einem liegt, ist nur für sehr Kreative auszuhalten.

Die Psychologin Verena Kast meint, daß es »lange Weile« brauche, um eigenständig kreativ zu werden und Interessen auszubilden. Natürlich ist damit nicht die Langeweile gemeint, die wir in einer bürokratisch geleiteten Sitzung empfinden oder in einer ausgeleierten Ehe. (Die Bewußtmachung dieses Zustandes kann aber auch gerade die Voraussetzung dafür sein, daß etwas in Bewegung kommt, wir uns neu aufraffen.)

Die Langeweile, aus der sich ein neues Interesse herauskristallisiert, beginnt wahrscheinlich damit, daß man des bisherigen überdrüssig geworden ist. Man möchte etwas los sein, sich verändern. Das sind meistens schwierige Zeiten. Man ist hin- und hergerissen zwischen sich widerstreitenden Empfindungen, kennt sich nicht mehr aus, hat das Gefühl von Chaos.

Wer dies aushalten kann, kommt oft zu neuen Funden. Die Langeweile, aus der Neues entstehen kann, ist ein Leerwerden und ein geduldiges Warten. Ein Zen-Spruch sagt: »Wir gehen dahin mit leeren Händen – und siehe, der Spaten ist in unseren Händen.« Wenn ich an diese Art von Langeweile denke, kommt mir immer die jüdische Religion mit ihrem Sabbats-Gebot des »Nichts-Tun« in den Sinn. Es gibt von Chagall ein wunderbares Bild, wo in einer Wohnstube die Familienmitglieder auf Stühlen und in Betten herumhängen und sehnlichst darauf warten, daß die große Pendüle an der Wand endlich das Ende der verordneten Ruhe anzeigt. Obwohl verordnete Ruhe sicher etwas Problematisches haben kann, frage ich mich doch, ob die außerordentlichen kreativen und intellektuellen Leistungen innerhalb der jüdischen Kultur nicht einen Zusammenhang haben mit dem Sabbats-Gebot. Chagall auf jeden Fall hat für sein Sabbat-Bild die elterliche Wohnstube im kleinen russischen Dörfchen Witebsk gewählt. Vielleicht hat er an einem dieser äußerlich ereignislosen Sabbattage die Vision gehabt, daß die Kühe und die Liebespaare in der Luft schweben?

Viele praktizieren das Loslassen in Intervallen, sogenannten »Auszeiten«, indem sie sich von der täglichen Routine absetzen und sich eine Zeit gönnen, wo die »Seele baumeln« kann. Später kehrt man zurück in den Alltag, erfährt auch das Kräftige und Gesunde des täglichen Gebrauchtwerdens neu, schätzt die Routine, weil sie weniger Energie braucht.

Wer Langeweile als Vorbereitung zur Produktivität erfahren hat, wird ihr nicht mehr ausweichen.

Im Nichtstun und der Leere sind auch transzendente Erfahrungen möglich. Das Loslassen-Können, das Nicht-mehr-nach-dem-Sinn-Fragen, ist eine Vorbereitung auf das letzte Loslassen, den Tod.

3. Neue Beziehungsmuster und Sexualität in der zweiten Lebenshälfte

Der aktiven Gestaltung unseres Lebensherbstes müssen sich auch unsere Beziehungen anpassen – auch hier verändert sich manches. Eine Wohnung, die man zwanzig, dreißig Jahre bewohnt hat, muß einmal neu gestrichen werden.

Auch die Ehe ist nach vieljähriger Dauer renovierungsbedürftig, denn die Rahmenbedingungen haben sich geändert.

Für die Hausfrau, die während Jahrzehnten in ihrem Reich unangefochten »regiert« hat, kann es eine Riesenumstellung sein, wenn plötzlich der Mann auch tagsüber da ist, in die Töpfe schaut, beobachten kann, wie sie ihren Tag einteilt. Ein Freiraum geht verloren. Für viele ist das kein Problem, in anderen Fällen versucht der Mann, der durch die Berufsaufgabe an einem Bedeutungsverlust leidet, daheim die Zügel in die Hand zu nehmen, seine Frau fühlt sich entmachtet.

Es kann aber auch umgekehrt sein: Die Frau ist jünger und noch berufstätig. Nun erwartet sie, daß der pensionierte Mann sie im Haushalt entlastet. Der ist ja vielleicht sogar willig, aber Anfänger, und da er sich ohnehin in verschiedener Hinsicht männlicher Kronen beraubt sieht, hat er Angst, sich eine Blöße zu geben, vom Einkauf das Falsche nach Hause zu bringen, beim Wäscheaufhängen von der Nachbarin beobachtet zu werden. Das sind Veränderungen, die bei gegenseitigem Verständnis verhältnismäßig gut integriert werden können. (Es gibt auch Bücher und Kurse zum Thema.)

Eine echte Herausforderung aber ist die Tatsache, daß Ehepartner oft zeitlich sehr unterschiedlich altern. Während sich der eine früh aus dem aktiven Leben zurückzieht, müde ist oder kränkelt, hat der andere Power und Lust, seine vitalen Lebensbedürfnisse noch möglichst lange ungeschmälert auszukosten. Und damit fallen oft viele langjährige, liebgewonnene Gemeinsamkeiten und Gewohnheiten den neuen unterschiedlichen Befindlichkeiten und Interessen zum Opfer.

»Mein Mann interessiert sich für nichts mehr: früher gingen wir immer zu zweit in unsere Versammlungen, heute bleibt er zu Hause, unternimmt nichts mehr«, klagt eine Frau. »Aber ich brauche einfach Abwechslung und Anregung, ich bin jünger als er, fühle mich noch nicht alt.«

Diese Ungleichheiten können zu einer schweren Belastungsprobe werden. Man beginnt sich gegenseitig abzuwerten: Sie zeigt ihm, daß mit ihm nichts mehr los ist (das ist das, was er am wenigsten brauchen kann!), er giftet, daß sie zuviel Geld fürs Vergnügen ausgibt und womöglich außer Haus einen Freund hat.

Die Anpassungsleistungen, die eigentlich nur durch neue Zuwendung und Liebe für das So-Sein des anderen gelingen können, sind enorm – und doch gibt es unzählige Ehen, wo dies glückt! Aber ohne Verzicht geht es nicht. Wenn dieser jedoch einseitig vom dominanten Teil der Ehe gegenüber dem unterlegenen Teil eingefordert werden, verkümmert dieser.

Der erste Befreiungsschritt ist getan, wenn beide Partner aufhören zu erwarten, daß der andere die eigenen Bedürfnisse teilt. Und dann ist es nur noch ein kleiner Schritt bis zur konstruktiven Lösung, daß beide Partner individuell je eigene Lösungen finden für ihre Bedürfnisse und sich gegenseitig darin unterstützen.

Aber: Es gibt immer noch Ehen, wo die Frau niemals allein ausgeht. Ohne den Mann am Arm fühlt sie sich verloren. Ein Konzert- oder Theaterbesuch ohne ihn ist undenkbar, und Ferien allein zu verbringen erst recht. Man klebte jahrzehntelang wie Kletten aneinander. Will oder kann dann der Mann nicht mehr aktiv mitmachen, muß die unselbständige Frau wohl oder übel ihre eigenen Bedürfnisse nach Abwechslung und Anregung unterdrücken. (Nicht selten zahlt sie dies dem Mann dann heim, sobald dieser hilflos und gänzlich von ihr abhängig ist!)

Frauen fällt es immer noch schwer, zu ihren Bedürfnissen zu stehen, sich zu deren Erfüllung zu ermächtigen. Wenn »er« keine Lust hat aufs Kino, befürchtet, der Film, den sie extra ausgewählt hat, sei schlecht, verliert sie die Lust und bleibt auch zu Hause.

Vierundzwanzig Stunden pro Tag ununterbrochen beisammen zu sein, vielleicht noch während Jahrzehnten, das ist schwierig! Die Altersehe wird zum Eintopf, wenn man nichts dagegen unternimmt! Nach jahrzehntelanger Zweisamkeit in der Ehe ist der Glutofen oft vom Erkalten bedroht. Die Beziehung kann sklerotisch, versteinert – oder bösartig werden, für Veränderungen, vielleicht eine Trennung oder gar Scheidung ist nicht mehr genug Energie vorhanden oder das Geld geht aus. (Unser Sozialversicherungssystem ist nicht für späte Scheidungen eingerichtet!) Ich weiß nicht, was schlimmer ist: eine Ehe, in der man den ganzen Tag miteinander herumzankt, sich gegenseitig nichts gönnt, oder ein versteinertes Nebeneinander, wo jeder Partner einfach resigniert alles hinnimmt und jede Zärtlichkeit erloschen ist. Beides ist eine Hölle.

Ich glaube, daß dies besonders in gut angepaßten Ehen passiert, die auf ihre Harmonie stolz sind. Solange die Partner im Beruf, mit den Kindern und beim Verfolgen ihrer vielseitigen Interessen Turbulenzen erleben, ist das vielleicht noch auszuhalten, aber alte Ehen sterben ab, wenn sie in »Harmonie«, die oft dasselbe ist wie Resignation, ertrinken.

Eifersucht im Alter: hoffentlich ja! Das Begehren, schön und verführerisch zu bleiben: hoffentlich ja! Weiterhin politische Kontroversen: um so besser! Streitbarkeit würzt die bestandene Ehe, weil sie Energien erneuert und zeigt, daß der/die andere einem nicht gleichgültig geworden ist, während Herumnörgeln, Zänkereien und das Sich-gegenseitig-Heruntermachen im Grunde die eigene Unzufriedenheit mit dem Altgewordensein ausdrückt.

Erstarrte Ehen können nur noch schwer aufgelöst werden. Wer die Symptome rechtzeitig erkennt und therapeutisch angeht, dem mag es gelingen, die »erstarrte Lava« wieder flüssig zu machen – oder sich in einem mutigen Schritt aus etwas zu befreien, was nicht mehr lebt. Es gibt Menschen, die nach einer späten Scheidung sagen: Ich habe lange gebraucht im Leben, um zu mir selbst zu kommen – aber ich habe es noch geschafft.

Die reife Ehe braucht Frischluftzufuhr! Allmählich wird auch hier klar: Man kann die vergangenen Jahre nicht einfach »weiterziehen«, es fängt eine neue Phase an.

Die Kinder sind ausgezogen, das Haus wird zu groß, Veränderungen stehen an. Jeder muß einen eigenen Bereich aufbauen, etwas, das man ohne den Partner realisieren kann, sei es eine Berufstätigkeit, ein Ehrenamt, sportliche Aktivitäten, kulturelle Interessen oder aber ein Freundeskreis, der auch ohne den Partner aufrechterhalten werden kann.

Um sich nicht zu entfremden, müssen die Partner sich aber auch gegenseitig neu erkunden, neue Reize aneinander entdecken. Gerade aus einer gewissen Distanz, einer neuen Selbstfindung heraus kann aus Papi und Mami, den beiden »Familientieren« wieder ein Mann und eine Frau werden, die sich neu kennenlernen – und weil sie nicht mehr genau dieselben sind wie früher, sich gegenseitig wieder anziehen. »Wenn ich ihn so die Katze streicheln sehe, finde ich, daß er etwas Anschmiegsames bekommen hat, er ist aber auch fürsorglicher geworden, und nachdem der große Sohn aus dem Haus ist, der ihm wirklich schaurig den Platz streitig gemacht hat, nimmt er seine Rolle wieder selbstbewußter wahr!« findet sie. Und er staunt über die Resolutheit, die sie plötzlich hat, die Urteilssicherheit. Sie geht eigene Wege – und das weckt seine Eroberungsinstinkte!

Die Art, wie Ehepaare zwischen Vierzig und Sechzig ihre erotischen Liebesspiele und ihr Sexualleben altersgemäß zu variieren verstehen, ist mit bestimmend für die Erhaltung dieser Lebensfreude auch in späteren Jahren.

Nur nichts auf den Ruhestand verschieben! Zwar ist dies leichter gesagt als getan, denn die letzten Berufsjahre sind oft sehr belastend – man ist schlicht zu müde für Sex, und die Demütigungen, die Älterwerdende im Beruf erleben, steigern die Potenz nicht. Auch die geschilderten Veränderungen in der Familie und in der Persönlichkeitsentwicklung erschweren oft die intime Annäherung aneinander.

Wenn ich den Statistiken glauben darf, decken mehr und mehr Männer ihre sexuelle Bedürftigkeit auf die einfachste Art ab. Gestreßte und Gehetzte, welche die Angst vor dem Verlust ihrer Männlichkeit umtreibt, retten sich in eines der Etablissements, die in unseren Städten und weit hinaus bis in die Vororte, wo man so schön inkognito bleibt, aus dem Boden schießen. Die Mädchen aus Rußland und von den Philippinen sind manchmal kaum zwanzig Jahre alt. Sie lassen die Männer die vom Streß versteiften Nacken und das Rheuma vergessen, sind zärtlich und lieb zu ihren Körpern, erweisen ihnen Respekt. Vorgesetzte, von einem gnadenlosen Karrierismus geknechtet, leben sich in perversen Sado-Maso-Spielen bei einer Domina aus.

Andere schmücken sich mit jungen Freundinnen. Smarte Herren mit grauen Schläfen gelten als anziehend. Auf jedem Ausflugsschiff, in jedem Luxusrestaurant sind sie zu finden, die älteren Herren mit dem teuren Haarschnitt und dem exquisiten Männerparfum, die zwanzig Jahre jüngere Freundin neben sich, die sich gerne an die vermeintlich verläßliche Schulter anlehnt.

Früher glaubte man, Frauen über Vierzig hätten kein sexuelles Begehren mehr. Die sexuelle Revolution und die Frauenemanzipation machen es nun Frauen im gestandenen Alter möglich, sexuell aktiv zu sein, auch außer Haus. Unabhängige Frauen (mit eigenem Geld) sind heute in der Lage, auch mal allein im Süden Ferien zu machen und sich dort auf ein kurzes amouröses Abenteuer einzulassen, und inzwischen gibt es auch Striptease-Veranstaltungen, bei denen Männer sich nackt ausziehen, und diese Vorführungen werden von Frauen gut besucht. Andererseits ist das Klischee des zänkischen, ausgedörrt-häßlichen alten Weibes noch immer verbreitet. Besonders Hausfrauen in mittlerem Alter werden als »asexuell« dargestellt. Eva Demski schreibt in ihrem Beitrag »Der letzte Auftritt«: »Sie spüren es schon seit einiger Zeit, nicht wahr, Madame? Sie werden unsichtbar. Das hätten Sie nicht gedacht, aber es ist nicht zu leugnen.« Und weiter: »Man kann sich ›Mutti‹ nicht mit irgendwem im Bett vorstellen, Mutti hat kapituliert. Abseits der erotischen Bühne verteidigt sie ihr Stück sichtbare Herzigkeit und läßt sich dafür liebhaben. Tagsüber trägt sie Kostüme und Schleifenbluse.« Eine lieblosere Beschreibung von Frauen über Fünfzig ist kaum mehr möglich!

Die Sichtbarwerdung weiblicher Sexualität in der dritten Lebensphase läuft Gefahr, lächerlich gemacht zu werden. Wieso darf eine alte Frau nicht sagen: »Dieser junge Mann ist mein Freund, wir schlafen auch ab und zu miteinander«? Wieso riskiert sie, daß sie dann nicht mehr für voll genommen wird – während ein alter Schmerbauch mit Glatze sich ungeniert mit seiner zwanzigjährigen Freundin zeigen darf und für seine »Eroberung« bewundert wird? Die Folge ist natürlich, daß sie sich und anderen solche »Flausen« verbietet. Was Frau sich selbst nicht gestattet, läßt sie auch bei anderen nicht zu.

Ich glaube, wir leben heute in einer Art »Zwischenstadium«. Einerseits werden der älteren Generation sexuelle Aktivitäten zugestanden, die Pharmaindustrie und die Schönheitschirurgie stehen Pate, es gibt Bücher über Sexualität im Alter und auf der Kontaktebene wird einiges unternommen (Seniorenpartys etc.).

Aber die Sexbesessenheit und der Jugendwahn unserer Zeit treiben die Ansprüche enorm in die Höhe. Die »Leistungslatte« ist hoch und wird von der Werbung für entsprechende Produkte immer höher gehängt. Ältere sind in Gefahr zu resignieren, aber sie übersehen dabei, daß auch die allermeisten Jungen nicht das »leisten«, was ein geschöntes Jugendbild vorgaukelt. (Impotenz und Frigidität sind unter der jüngeren Generation erschreckend weit verbreitet.)

Wenn in Viagra-Reklamen braungebrannte Männer ihre Muskeln unter straff gespannter Haut spielen lassen und mit strahlenden Zähnen unter vollem Haar verführerisch lächeln, so wird der Prozeß des Alterns negiert und eine Leistungsfähigkeit suggeriert, die für die allermeisten unerreichbar ist – vor allem aber: Die Partnerinnen dieser Männer werden dabei glatt vergessen. Zwar gibt es für sie Hormonbehandlungen, aber das läuft eher unter dem Stichwort »Krankheit«, während Viagra »den gesunden Mann noch gesünder« macht.

Die zuletzt erschienenen Bücher der beiden großen amerikanischen Romanciers John Updike und Philip Roth, beide in meinem Alter, handeln von alten Männern. In diesen großartigen Romanen spielen sexuelle Abenteuer, ja Exzesse, eine überragende Rolle. Trotz Prostata-Krebs kreist die Phantasie unaufhörlich ums sexuelle Verlangen, es ist beinahe eine Besessenheit. Die einzige Labung in der Not sind junge Frauen, immer und immer wieder neu. Die Heftigkeit und zugleich Hilflosigkeit dieses Begehrens macht die Gestalten der beiden Protagonisten menschlich groß. Und ihre Frauen? Sie kümmern sich um die Gesundheit ihrer Gatten, um die Enkel, gründen esoterische Zirkel, sind Geschäftsinhaberinnen und haben politische Ämter, kaufen in Boutiquen Weihnachtsdekorationen ein, während ihre Männer sich lechzend am Schoß junger Frauen festsaugen.

Jenseits des Jugendwahns einen individuellen Weg zu finden für die Gestaltung der Sexualität im reifen Alter macht Freude. Wenn die Vergleiche mit den Jungen ausgeschaltet sind, entdecken wir, was uns Lust macht. Auch hier helfen uns unsere Erfahrungen mit uns selbst und mit unserem Partner! Viele verheiratete Paare, die bereits die Silberhochzeit gefeiert haben, sagen aus, daß sie das Zusammen-Schlafen als doppelt so schön empfinden, seitdem sie keinen Streß mehr haben – und nachdem die Kinder endlich weg sind! (Von der Arbeit übermüdet nebeneinander im Bett zu liegen und mitzubekommen, wie nebenan der Nachwuchs mit seiner Bekanntschaft herumbumst, ist kein Vergnügen.)

Und ein rüstiger Senior erklärte in einer Fernsehsendung, daß sein sexueller Genuß sich seit der Pensionierung sehr intensiviert habe. Es scheine ihm, er käme erst jetzt hinter die Geheimnisse der Liebe, weil er den Leistungsdruck der Jugend habe ablegen können.

Da wir nicht mehr so leicht einen Orgasmus erreichen, ist es wichtig, miteinander die bestmöglichen Voraussetzungen zu schaffen. Ein Beischlaf ist körperlich anstrengend! Es braucht für alles mehr Zeit, Zärtlichkeit und Fürsorge für die körperlichen Grenzen, die wir jetzt haben – eine verwöhnende, optimistische Einstellung zu uns selbst und dem Partner läßt uns fantasievolle Pfade entdekken, und alles, was wir neu erleben, gibt uns das Gefühl von Jugend!

Ein Ehepaar (beide Mitte Achtzig) bat bei einem Sexualtherapeuten um einen Beratungstermin. Der Therapeut bezweifelte, daß sie bei ihm an der richtigen Adresse seien, und erklärte, seine Aufgabe sei es, Menschen mit sexuellen Problemen zu helfen. »Deshalb sind wir zu Ihnen gekommen«, erwiderte der Mann. Daraufhin erkundigte sich der Therapeut skeptisch, wann sie die sexuellen Probleme zum ersten Mal bemerkt hätten. »Gestern abend«, erwiderte die Frau in sachlichem Ton, »und das nächste Mal gleich heute morgen.«

Dieses aus Amerika stammende Beispiel illustriert, was für eine Entwicklung die Altersgenerationen in der Befriedigung ihrer sexuellen Bedürfnisse in den letzten Jahrzehnten gemacht haben. Selbst wenn das Beispiel erfunden sein sollte, so zeigt es doch auf erfrischende Weise, wie Senioren auf ihrer erotisch-sexuellen Lust bestehen und auch wissen, wo, wenn nötig, Hilfe zu holen ist, selbst wenn ihre Therapeuten noch nicht begriffen haben, was es geschlagen hat! (Die Sexualtherapie hat in bezug auf die Altersgeneration zweifellos einen Nachholbedarf.)

Jedesmal, wenn ich im Altersheim Betagte miteinander tanzen sehe, bin ich von neuem überrascht vom Wunder Leben. Da fährt den eben noch lebensmüde Herumsitzenden die Lebensfreude in die Glieder, ihre Augen fangen zu schimmern an, nicht vergessene Sehnsüchte durchströmen sie. Ich staune und bin gerührt, wenn ich im Pflegeheim eine runzlige Hand über eine andere streicheln sehe: diese Zärtlichkeit, diese Innigkeit kurz vor dem Verlöschen des Lebens! Dieses Aufflammen der Jugend, immer und immer wieder, das Leben zeigt sich auf der letzten Strecke erst recht als das, was es ist: etwas unfaßbar Großartiges.

Ich hoffe, daß hämische Witzeleien über Altersliebe oder gar institutionelle Verbote derselben, lange Zeit gang und gäbe, bald ganz der Vergangenheit angehören.

Aber viele sind im Alter allein. Der Großteil der Frauen überlebt ihre Männer, und die Existenz als Witwe macht nicht mehr nur einige Jährchen, sondern oft Jahrzehnte aus! Wenn man von der Einsamkeit der Witwen redet, denkt man kaum an die unerfüllten Bedürfnisse nach körperlicher Gemeinsamkeit.

Ich habe eine über achtzigjährige, körperlich und geistig noch sehr vitale Freundin, die seit achtzehn Jahren verwitwet ist, gefragt, ob ihr der körperliche Kontakt manchmal fehle. Ohne Umschweife antwortete sie: »Du glaubst nicht, wie! Du darfst nicht vergessen, daß unser Körper im höheren Alter erkaltet, und wenn niemand da ist, der dich umarmt und streichelt, dich wärmt, besonders, wenn der Schlaf in den Nächten immer länger auf sich warten läßt …« Sie gestand aber auch, wie schwer es sei, daß man kaum über solche Bedürfnisse reden könne, auch unter alten Frauen nicht. Und bei der geringsten Andeutung gäbe es gleich Mißverständnisse. »Willst du nochmals heiraten?« heiße es dann sogleich. Eine Liebschaft im

Alter ohne Fixierung durch Heirat oder zumindest gemeinsames Wohnen sei schwer zu verwirklichen. »Es ist einfach nicht üblich«, schloß die Dame, die sehr reisefreudig ist und mit dem eigenen Auto durch halb Europa fährt, aber immer nur in Begleitung von anderen alten Damen ...

Die Kontaktwünsche alleinstehender alter Frauen haben natürlich die demographische Realität gegen sich! Unter den über Sechzigjährigen sind ein gutes Drittel verwitwete Frauen, aber nur zwölf Prozent verwitwete Männer. Während vierundfünfzig Prozent aller fünf- bis neunundachtzigjährigen Männer in der Schweiz verheiratet sind, haben unter den gleichaltrigen Frauen nur noch zwölf Prozent ihren Lebenspartner. Obwohl es häufiger wird, daß Frauen sich zu Wohnpartnerschaften zusammenschließen und in Freizeit- und Quartiergruppen oder in der Freiwilligen-Hilfe verläßliche soziale Netze finden: eine Frau muß damit rechnen, daß sie im Alter allein ist.

Ein neueres Experiment sind Wohn- und Hausgemeinschaften unter älter gewordenen Paaren und Alleinstehenden. Damit kann der Rigidität einer Zweierbeziehung im Alter oder eines einsamen Lebens allein entgegengewirkt werden. Es gibt verschiedene Modelle. Wohngemeinschaften, in denen man zum Beispiel miteinander die Küche und das Bad teilt, stellen außergewöhnliche Ansprüche an die Anpassungsfähigkeit. Besser bewähren sich Hausgemeinschaften, in denen jede Partei ein eigenes Logis mit einer kleinen Kochnische und ein eigenes Bad hat, wo es aber zusätzlich Gemeinschaftsräume und eine Großküche gibt, damit man auch mal zusammen kochen, essen und feiern kann. Zudem teilt man vielleicht miteinander ein Auto und das Gästezimmer, besorgt gemeinsam einen Garten etc. Voraussetzung ist, daß alle Bewohner neben dem Bedürfnis nach gegenseitigem Kontakt auch die Bereitschaft haben, etwas dazu beizutragen, aber gleichzeitig das Eigenleben der anderen auch respektieren. Wichtig ist die aktive Pflege der Gemeinsamkeiten, die Lust, miteinander auch Geselligkeiten zu teilen, und die Bereitschaft, erste Anlaufadresse zu sein, wenn es jemandem aus der Hausgemeinschaft nicht gut geht (später sollen dann Angehörige diese Verantwortung übernehmen). Solche Hausgemeinschaften können neue Impulse und Herausforderungen in der Altersphase bedeuten. Sie brauchen eine lange Anlaufphase und sollten darum frühzeitig geplant werden, denn die Bewohner müssen zueinander passen, die Liegenschaft geeignet sein etc.

Und der Anhang? Erwachsene Kinder, deren Eltern in eine Hausgemeinschaft umziehen, erleben, wie sich diese einen neuen Beziehungskreis aufbauen. Meistens reagieren sie sehr positiv darauf, sind froh, nicht mehr für die beginnende Einsamkeit der Eltern verantwortlich zu sein. Der Kontakt ist deshalb nicht weniger intensiv, aber unbelasteter! Persönlich bin ich keine Freundin der Idee so vieler Eltern, ihr Haus und ihren Garten endlos weiter zu bewohnen, nur damit »die Kinder jederzeit nach Hause kommen können«. Das kann bei den Kindern einen Druck erzeugen, nach Hause kommen zu müssen, und umgekehrt lebt vor allem die Mutter oft mit einer negativen Bilanz: die viele Arbeit, die das große Haus und der Garten verursacht, steht in keinem Verhältnis zu den wenigen Malen, an denen die Kinder und Enkel sich mehr als ein paar Stunden darin aufhalten!

Ein Pfarr-Ehepaar verblüffte seine sechs Kinder nach der Pensionierung des Vaters mit der Mitteilung, sie hätten in der Stadt eine Zweizimmerwohnung gemietet. »Und wir?« fragten die Kinder enttäuscht. »Wir kommen euch sehr gerne besuchen«, antworteten die Eltern schmunzelnd und machten damit klar, daß das »Hotel Mama« geschlossen war. Der alte Pfarrer ging seiner Leidenschaft, der archäologischen Forschung, nach, seine Frau war tätig in internationalen Frauenorganisationen. Die Eltern erlebten eine neue Mann-Frau-Beziehung. Der Kontakt zu den Kindern blieb bestehen – und als die Tochter mit ihren kleinen Kindern in eine Lebenskrise geriet, brach die Mutter ihr Auslands-Engagement ab und leistete ihr tätigen Beistand. Die Tochter konnte, wie sie sagte, die Hilfe der Mutter viel unbelasteter annehmen, weil in den Zwischenjahren der Loslösungsprozeß Mutter-Kind restlos vollzogen worden war.

Heute haben Menschen im Seniorenalter nicht selten noch ihre hochbetagten Eltern. Sich mit dem eigenen Älterwerden auseinanderzusetzen und gleichzeitig noch das »Kind« von jemandem zu sein, ist nicht einfach. Alte Eltern nehmen begreiflicherweise kaum wahr, daß ihre Kinder auch nicht mehr die Jüngsten sind! Sie überfordern sie darum oft. Und es ist umgekehrt nicht einfach, den greisen Vater, die gebrechliche Mutter in hilflosem Zustand zu erfahren. Rollen werden vertauscht.

Ich staune immer wieder darüber, wie viele Töchter (und manchmal auch Söhne) ihre alten Eltern oft während vieler, vieler Jahre begleiten, in deren Wohnung nach dem Rechten sehen oder sie in einer Institution regelmäßig besuchen, manchmal auch in die eigene Wohnung aufnehmen und nach dem Tod der Eltern sagen, sie möchten diese gemeinsamen Jahre nicht missen. Entlastungen aller Art sind aber sehr zu empfehlen, unter Umständen auch psychologische Beratung, man hat schließlich seine Geschichte miteinander …

Ein Großteil aller Menschen lebt im höheren Alter allein. Das Telefon wird wichtig, die Kontakte in der Nachbarschaft, die Fähigkeit, selbst beziehungsaktiv zu sein und nicht darauf zu warten, daß jemand anruft. Es gibt unzählige Alterszusammenschlüsse, verbunden mit Aktivitäten wie Wandern, Turnen, Singen, Tanzen, Bridgespielen, Literaturbetreiben etc. Kirchengemeinden und Pro Senectute bieten ein reichhaltiges Angebot.

Das Netz unserer Freundschaften gibt uns im Alter Wärme, Anregung und sozialen Halt. Das Netz sollte deshalb nicht zu klein sein, weil wir leider immer wieder Verluste erfahren, indem jemand wegstirbt.

Das Neu-Knüpfen von Altersfreundschaften wird manchmal erschwert durch das Mitschleppen einer alten Beziehung, die eigentlich längst überholt und eine Belastung geworden ist.

Es gibt Freunde, ehemals enge Weggefährten, deren Bedürfnisse nun aber so diametral auseinandergehen, daß von morgens bis abends hin- und hergezankt wird und keiner auf seine Rechnung kommt. Zwei, die zu Berufszeiten wie Kletten aneinander hingen, am gleichen Strick zogen im Betrieb, endlos über die Chefs, die Kollegen sprechen konnten, erleben einige Jahre nach der Pensionierung, daß sie völlig verschiedene Menschen sind und außer dem vergangenen Beruf kaum etwas Gemeinsames haben. Zwei, die während Jahren stets am gleichen Ort Ferien gemacht haben, können sich nicht mehr finden, weil heute der eine sportliche Herausforderung, der andere aber Ruhe braucht. Es braucht Mut, sich diese Entfremdung einzugestehen, aber solche Kontakte vermitteln keine Geborgenheit und können den Weg zu neuen Bekanntschaften versperren. Überholte Beziehungen sollten gelöst werden können durch ein faires Gespräch, welches die Persönlichkeiten intakt läßt, hingegen die Veränderungen von Bedürfnissen und Lebensverhältnissen in den Mittelpunkt stellt.

Bei neuen Beziehungen im Alter ist es wichtig, daß die konkreten Wünsche ausgesprochen werden. Oft sind diese ganz praktischer Art: man braucht jemand für gemeinsame Ferien, für Weihnachten und Neujahr, für den Besuch von Kunstausstellungen, zum Englischsprechen oder Musizieren.

Man braucht nicht nur jemanden, der einem zuhört, bestätigt, Anregung vermittelt. Wir brauchen auch Menschen, die uns kritisch herausfordern. Das gelingt nur, wenn wir uns als Person gleichzeitig voll akzeptiert fühlen. Es kann ein wichtiger Freundschaftsdienst sein, wenn wir gefragt werden: Ist dir bewußt, daß du dauernd über deinen Ehemann schimpfst?« Oder: »Mir fällt auf, daß du deine Außenwelt in letzter Zeit fast als feindlich wahrnimmst. Beschäftigst du dich damit?« Oder: »Gelddinge haben in deinem Leben offensichtlich heute eine viel größere Bedeutung als früher. Womit hängt das zusammen?« Durch solche kritischen Anfragen geben wir der uns befreundeten Person Gelegenheit, sich im Spiegel von anderen zu sehen und das eigene Verhalten zu überdenken. Da wir auf Ratschläge verzichten, lassen wir offen, wie unsere Gesprächspartnerin mit unserer Anfrage umgehen will. Selbst wenn es dabei zu einer Verletzung kommen sollte, so kann ein klärendes Gespräch darüber die Freundschaft neu vertiefen. Vielleicht gehen mehr Freundschaften auseinander, weil man sich nichts mehr zu sagen hat. Eine offene, faire Konfrontation zeigt hingegen, daß man den anderen gern hat und ihn ernst nimmt.

IV. DER HÖHENWEG DES ALTERS

1. Abheben

Eines Tages stellt man fest, daß man leicht abgehoben hat, viele Dinge, mit denen man sich bisher abgeplagt hat, weniger wichtig erscheinen. Ein bisher nicht gekanntes Gefühl der Freiheit durchströmt einen, man fühlt sich unabhängiger, souveräner als bisher. Manche erleben dieses Gefühl als Narrenfreiheit und wagen Dinge, die sie sich bisher nicht zugetraut haben. Das Urteil anderer Menschen über die eigene Lebensweise wird gleichgültiger. Man vereinfacht vieles und sieht, daß es sich so besser leben läßt. Wo früher nur Diskrepanzen festzustellen waren, sieht man plötzlich auch Gemeinsames.

Man muß in der Leistungs- und Schönheits-Hitparade nicht mehr mitmachen. Man kann sich endlich besser annehmen und wirft sich nicht mehr täglich vor, daß man zuwenig gut und verantwortungsbewußt ist. Menschen, die einem früher als makellose Vorbilder erschienen sind und damit fast etwas Bedrohliches hatten, werden in der milden Betrachtung der Altersweisheit zu Wesen, deren Stärken die Kehrseiten ihrer Schwächen sind. Man kann lachen über sich selbst und andere, und dieses Lachen hat etwas sehr Befreiendes und Gesundes, denn es kommt aus dem Wohlwollen gegenüber sich selbst und der Welt, wie sie nun einmal ist.

Der Höhenweg des Alters bedeutet: leicht werden, Ballast abwerfen, loslassen, mit weniger auskommen, zu persönlicher Souveränität und Unabhängigkeit gelangen.

Das Leben rundet sich bis hin zum Wissen, daß wir lebenssatt sind und uns nach etwas anderem sehnen. Das vorherrschende Merkmal des Höhenweges ist vielleicht das Gefühl der Dankbarkeit für das gelebte Leben und für jeden neuen Tag, den wir genießen können.

Man könnte die Altersperiode in drei Phasen aufteilen: die erste Phase, etwa zwischen Fünfundfünfzig und Siebzig, ist die Übergangszeit. Man ist »weder noch«, stellt sich allmählich ein auf die neue Lebensperiode, erlebt Lernprozesse, Neu-Orientierungen, persönliche Freiheit. Die Phase zwischen etwa Siebzig und Dreiundachtzig kann eine Zeit sein, in der man »die Leichtigkeit des Seins« erfährt, auf einem Höhenweg wandelt: das Leben als Geschenk erfährt, es auskostet, sich versöhnt mit dem, was gewesen ist.

Die letzte Phase ist dem Abschiednehmen, dem Sichverkleinern, dem Sichabfinden mit gesundheitlichen Einschränkungen und eventuell auch der Hilfsbedürftigkeit, aber auch der Erinnerung an ein langes Leben und dem Ausblick auf die Ewigkeit gewidmet. (Natürlich sind die Alterswege der Menschen so unterschiedlich, daß eine Einteilung nach Lebensjahren problematisch ist. Aber zum Leben jedes Menschen gehört, daß sich sein Älterwerden in mehreren Schichten vollzieht.)

Vom Leichterwerden und dem allmählichen Jasagen-Können zur Verdichtung und zur Verengung des Lebenshorizontes handeln die nächsten Abschnitte.

2. Schritt für Schritt, Jahr für Jahr ...

Den harmonischsten Altersweg dürfen wohl jene Menschen gehen, die schon früh im Leben beruflich und privat das finden, was ihnen liegt und Freude macht und die dazu das Glück haben, mit diesen Inhalten bis ins hohe Alter weiterleben zu können. Schritt für Schritt setzen sie ihr Leben fort, profitieren zunehmend von ihrer Erfahrung und der Routine, die sich in allen Belangen einstellt, verlangsamen schließlich das Tempo und passen ihre Aktivitäten unmerklich den schwindenden Kräften an.

Dazu braucht es Kontinuität, Gelegenheit und den Willen, sich an etwas zu binden und daran festzuhalten. Das gilt sowohl in bezug auf das soziale Netz wie auf die eigenen Fähigkeiten, das Können, an dem man lange gearbeitet hat und an dem bis ins späte Alter weiter feilt, das einem Freude macht und einen Teil der Identität darstellt. Voraussetzung ist allerdings, daß man das Können auch in späten Jahren noch ausüben kann – und wünschenswert wäre, daß dieses von der Umwelt ermöglicht wird.

Im Zeitalter der Flexibilisierung der Arbeitsprozesse und des beschleunigten sozialen Wandels sind solche idealen Lebensläufe immer seltener und fast nur noch in freien Berufen oder bei Menschen möglich, die recht früh im Leben neben den »Job« ein zweites Standbein stellen können, das unabhängig von jeder Altersbeschränkung ist.

Wir hören von hochbetagten, erfolgreichen Regisseuren wie George Tabori oder Ingmar Bergmann, der gegenwärtig mit Achtzig eine Neufassung seines Films »Szenen einer Ehe« dreht, wir lesen von einer neunzigjährigen Tanztherapeutin, die immer noch Schüler hat. Diese Leute hält hauptsächlich ihr Interesse, ihr lebenslanges Wirken leistungsfähig – und nicht irgendwelche gesundheitlichen Übungen und Diäten! Die Klugheit des Alters (sich in sich selbst auskennen) und lebenslängliche Routine sind große Altershelferinnen, manchmal kommt auch ein Stück Schlauheit dazu.

Der Pianist Arthur Rubenstein, er wurde fünfundneunzig Jahre alt, schreibt in dem mit neunzig Jahren verfaßten zweiten Teil seiner Memoiren: »Das Jahr 1975, in dem ich achtundachtzig Jahre alt wurde, war eines der meistversprechenden meines Lebens, es war interessant und voller Aktivitäten.« Der Pianist unternahm in diesem Jahr Konzertreisen nach Kalifornien und in verschiedene Länder Europas. Befragt, wie er es fertigbringe, in seinem hohen Alter mit gleichbleibender Brillanz seine Chopin-Sonaten zu spielen, verriet er augenzwinkernd sein Geheimrezept: »Ich verkleinere mein Repertoire und halte dieses durch fleißiges Training auf meinem gewohnten Niveau. Sodann spiele ich etwas langsamer, der gewöhnliche Zuhörer merkt aber davon kaum etwas, denn nach einem von mir absichtlich besonders innig und gedehnt gespielten Adagio fällt es nicht auf, wenn das nachfolgende Allegro etwas langsamer als vorgeschrieben ist. Überhaupt mogle ich! Meisterschaft und Routine ermöglichen es mir, dort, wo die Spannkraft der Hand nicht mehr ausreicht, die Partitur ganz geringfügig zu ändern, ohne daß dies dem Zuhörer auffällt.«

Das Rezept Rubinsteins enthält Grundregeln eines klugen Umgangs mit dem Älterwerden. Wichtigste Voraussetzung ist, daß man feststellt und akzeptiert, daß man nicht mehr alles kann. Könnerschaft, Routine und eine alterstypische »Listigkeit« ermöglichen einen vergnüglichen, nicht wenig altersstolzen Umgang mit dem eigenen Leistungsvermögen!

Langjährig erarbeitete Routine, die ein spielerisches, leichtes Arbeiten ermöglicht und ökonomisch sehr effizient ist, dazu ein kreatives »Handhaben« der alterungsbedingten Nachteile nach dem Rezept Rubinsteins, dies alles hat Generationen von grauhaarigen Erwerbstätigen ermöglicht, voll »dabei« zu bleiben bis zum letzten Arbeitstag. Sie sind so gut »eingespielt« in ihre Arbeit, daß nach ihrem Weggang oft zwei Arbeitskräfte beschäftigt werden müssen, um ihr Arbeitspensum zu bewältigen.

Eine Geigerin, einst eine rassige Musikerin mit sattem, kräftigen Bogenstrich, die bis ins hohe Alter noch Schüler unterrichtete, leidet nun schon mehrere Jahre an Alzheimer. Sie findet den Heimweg nicht mehr und erkennt ihre Nächsten nicht, aber bis vor kurzem nahm sie noch ab und zu ihre Geige zur Hand, und es war berührend zu erleben, wie die ansonsten völlig desorientierte Frau noch immer einige Melodien aus dem Reservoir ihres jahrzehntelang geübten Repertoires heraufholen konnte. Nun ist auch das nicht mehr möglich, aber wenn ihre Kinder, die alle bei ihr gelernt haben, ihr einen ungarischen Tanz vorspielen, so fängt ihr Körper an mitzuschwingen, und sie wird zu dem wilden Kind, das sie einst war.

Der Pfarrer Kurt Marti übte zeitlebens neben seinem Beruf seine schriftstellerische Tätigkeit aus. Nach seiner Pensionierung erscheinen noch Jahr für Jahr neue Werke. Gefragt, ob er als über Achtzigjähriger nicht etwas zum Thema »Alter« sagen wolle, antwortet er, daß er sich eigentlich nie mit seinem Alter befasse: »Ich werde einfach älter.«

Wer beschäftigt und auf Neu-Entdeckungen aus ist, scheint das Alter und seine Einschränkungen kaum zu spüren, nimmt sie einfach auf seinem Weg mit.

Ein leuchtendes Beispiel ist auch Marion Gräfin Dönhoff, die mit sechsunddreißig Jahren in die Redaktion der Hamburger Wochenzeitung »Die Zeit« eintrat und, mit wenigen Unterbrechungen, dieser Lebensaufgabe treu blieb bis gegen Neunzig, nacheinander Redakteurin, Chefredakteurin und Mitherausgeberin war und nach dem Rüktritt von allen Ämtern immer noch gelegentlich Beiträge schrieb. Sie entwickelte sich mit der Zeitung weiter, aber sie konnte die Macht auch teilen und später rechtzeitig lassen. Sie blieb darum eingebettet in dem, was sie immer umgeben hatte, wurde verehrt und geliebt – und das ist vielleicht das Schönste, was man sich von einem Altershöhenweg erwarten kann.

Heute müssen allerdings auch Prominente im höheren Alter oft darauf aufmerksam machen, daß sie noch »da« sind und etwas beitragen wollen, denn allzu schnell sind sie vergessen.

In der Literatur werden ganz junge Schriftsteller nach oben katapultiert, sind Stars, um die sich die Verlage reißen. Als hingegen die 1929 geborene Christa Wolf, heute schon eine Klassikerin der Literatur, vor zwei Jahren in Leipzig gefeiert wurde, mußte sie sich ständig dagegen wehren, daß man von ihr und ihren Werken in der Vergangenheitsform sprach, als ob ihr Lebenswerk bereits abgeschlossen sei und man einen Nachruf auf sie halte, dabei hatte sie doch eben einen neuen, großartigen Roman veröffentlicht! Man solle sie bitte nicht schon beerdigen, rief sie ins Publikum, sie stehe mitten im Leben und habe noch viele Projekte im Sinn. Der Schauspieler Peter Brogle bemerkt anläßlich seines siebzigsten Geburtstages, daß früher altgediente, erfahrene Schauspieler einen geschätzten Platz in einem Ensemble behielten, während man heute vor allem mit jungen Kräften auszukommen versuche.

Das ist bitter, wenn man bedenkt, daß für Schauspieler die Bühne die Welt bedeutet.

Kontinuierlich zu altern und das vertraute Leben fast bis zum letzten Atemzug fortzuführen (also zum Beispiel in den eigenen vier Wänden sterben zu können), ist nicht nur von guten Umweltbedingungen abhängig.

Es bedeutet Alterskunst, wenn ich weiß, woran ich festhalten will, weil es mein Eigenes ist, das mich bisher durchs Leben getragen hat. Das hüte ich, sorge dafür, daß es so lange wie möglich bei mir bleibt, selbst wenn es die Umwelt als eigensinnig empfindet.

Neben der Bereitschaft, notwendige Veränderungen vorzunehmen, den Wandel mitzumachen, braucht es im Leben auch Kontinuität, Kontinuität in dem, was mich im Innersten ausmacht, also meiner grundlegenden Werthaltung, meinem Lebensziel.

3. Ich nehme mir die Freiheit

Freiheit wird einem bekanntlich nicht geschenkt, sondern man muß sie sich nehmen. Auch mit der Pensionierung wird man nicht automatisch frei. Der Vogel Freiheit läßt sich bei denen nieder, die sich nach ihm sehnen, ihn locken, bei denen Lust auf andere Dimensionen des Lebens vorhanden ist. »Die schlimmsten Feinde der Freiheit sind die glücklichen Sklaven«, heißt ein bekanntes Sprichwort. Die resignativ Zufriedenen werden den Vogel Freiheit, der auf dem Höhenweg des Alters zu finden ist, nicht beachten.

Nach der Pensionierung können wir, wenn wir wollen, unseren Tagesrhythmus verändern.

Die Veränderung der täglichen Gewohnheiten kann eine große Wirkung haben, und es lohnt sich zu fragen: Nutze ich den Spielraum aus?

Vielleicht beginnt es mit etwas ganz Kleinem. Meine bisherigen Eßgewohnheiten: Entsprechen sie mir, oder sind sie aufgezwungen durch die Berufsarbeitszeiten, die Familienrituale, die Restaurants, auf die ich bisher angewiesen war? Vielleicht entsprechen mir viele kleine Mahlzeiten besser als drei große, vielleicht frühstücke ich jetzt ausgiebig und lasse mir Zeit, stelle auch den Rhythmus der folgenden Mahlzeiten auf meine neue Lebenszeit um. Wenn ich es noch nie versucht habe, probiere ich, mich in die Geheimnisse der Küche einzuarbeiten.

Bisher habe ich viel zu viel gesessen: im Büro, im Auto. Jetzt habe ich plötzlich die Gelegenheit, einen frühen Morgen zu erfahren, bei den Spaziergängen untertags den Lauf der Sonne zu verfolgen, die Wandlungen der Pflanzenwelt, die Tiere – und die Leute zu beobachten.

Wie wichtig ist eigentlich der Schlaf für mich? Wie will ich diesen verteilen auf die Nacht und den Tag? Bisher war ich gebunden an starre Tagesprogramme. Jetzt kann ich wählen, ausprobieren, was mir bekommt.

Natürlich bin ich niemals völlig frei, sondern die Grenze ist dort, wo die Freiheiten derjenigen beginnen, mit denen ich meinen Tagesablauf teile. Da braucht es Absprachen, ein sorgfältiges Hinhören auf die Bedürfnisse der Angehörigen, aber auch ein klares Wissen über die Prioritäten, die ich selbst habe.

Bleiben meine Tätigkeiten dieselben wie bisher – oder nutze ich den neuen Spielraum auch, um Unbekanntes auszuprobieren, etwas Komplementäres zu dem, was ich immer gemacht habe, auch wenn ich noch nicht weiß, ob ich es kann?

Ein Intellektueller legt sich einen Garten an, bekommt Schwielen an den Händen, arbeitet oft schweigend einen

Tag lang mit seinen Sträuchern, Kräutern und Blumen, entdeckt vieles, das ihm früher unbekannt war. Er erfährt auch seine eigene Person neu.

Eine Sozialarbeiterin restauriert eigenhändig ihr Ferienhaus, eignet sich geradezu baumeisterliches Know-how an. Die konkrete Tätigkeit mit sichtbaren Resultaten macht ihr große Freude, ebenso das Fordern des eigenen Körpers.

Die Sekretärin, die ein Berufsleben lang nur Anweisungen ausführen durfte, ist glücklich, aus einem Klumpen Lehm eigenwillige Gefäße herzustellen, mit den eigenen Händen etwas auf der Töpferscheibe zu formen und nachher sagen zu können: »Das habe ICH gemacht, und zwar ganz so, wie ich es wollte!«

Eine alleinstehende, immer mit Krankheiten kämpfende Frau, die nie realisieren konnte, was in ihr steckte, weil ihr die nötige Ausbildung fehlte, hat als Rentnerin endlich Gelegenheit, Tageskinder zu betreuen. Sie entfaltet ihre außergewöhnliche Einfühlungsgabe und Phantasie mit diesen Kindern, die es ihr mit großer Anhänglichkeit vergelten.

Jemand, der immer für Entwicklungshilfe geworben und Sammelaktionen unterstützt hat, will es schließlich persönlich wissen und reist nach der Pensionierung nach Albanien, baut dort eine Selbsthilfe-Initiative auf, kommt zu neuen Erkenntnissen und in vielem zu anderen Schlüssen.

Brechts berühmte, später auch verfilmte Geschichte über seine eigene Großmutter, »Die unwürdige

Greisin«, packt Leserinnen und Leser bis heute. Da ist eine alte, kleine Frau mit »Eidechsenaugen«, die mit knappen Mitteln fünf Kinder großgezogen hat – von sieben, die sie geboren hatte. Den Haushalt im wackligen Haus hatte sie immer alleine besorgt, dazu noch für die Mannsleute gekocht, die in der Lithographenanstalt ihres Mannes arbeiteten.

Nach seinem Tod beratschlagten die Kinder, was mit der Mutter zu geschehen habe. Aber diese ging auf keinen ihrer Vorschläge ein, erbat nur von jedem eine kleine finanzielle Unterstützung und begann damit ein Eigenleben, das sich völlig von dem unterschied, was üblich war. Sie wandte sich im übrigen von den Kindern entschlossen ab. Weder hielt sie ihrem Sohn, der mit seinen drei Kindern in bedrängten Wohnverhältnissen lebte, das Haus offen, noch tat sie sonst, was eine Großmutter tut. Sie ging ins Kino, aß jeden zweiten Tag auswärts, fuhr sogar mit einer Kutsche aus. Sie verkehrte in der Werkstatt eines nicht gerade gut beleumdeten Flickschusters, wo es lustig zu- und herging. Als ein Sohn von auswärts sie besuchte, um mit ihr ans Grab des Vaters zu gehen, erwiderte sie beiläufig: »Du kannst allein hingehen, es ist das dritte von links in der elften Reihe. Ich muß noch wohin.« Auf geradezu schockierende Weise hatte sie einen Schlußstrich unter ihr bisheriges Leben gezogen. Kurz angebunden, ohne um Erlaubnis zu fragen oder sich zu rechtfertigen, schlug sie alle Konventionen in den Wind und lebte ganz bewußt nur noch für sich selbst.

Brecht sagt, daß sie zwei Leben gelebt habe, das erste als Tochter, Frau und Mutter und das zweite einfach als Frau B., eine alleinstehende Frau ohne Verpflichtungen. Das erste Leben bezeichnet Brecht als die Zeit der »Knechtschaft«, sie dauerte sechs Jahrzehnte, und das zweite, die Zeit der »Freiheit«, dauerte zwei Jahre.

Das bisherige Leben hatte Brechts Mutter nicht genügt. Es muß da immer einen Traum gegeben haben, in dem der Vogel Freiheit flatterte. Nach dem Tod des Mannes nutzt sie den Freiraum unverzüglich. Sie darf nicht nach rechts und links schauen, muß ihre Kinder ein Stück weit »kaltstellen«, damit sie nicht erneut abhängig wird von Meinungen und Ratschlägen anderer. Sie bricht zwar den Kontakt zu ihnen nicht ab, lädt die Enkel alle zwei Wochen am Sonntag zu sich ein, aber sie läßt nicht mehr über sich verfügen und nimmt dafür einen gewissen Liebesentzug in Kauf. Vermutlich wird sich auch ein Teil der Nachbarschaft von ihr distanziert haben. Aber sie weiß, was sie will, und hat ihre Prioritäten gesetzt.

Meine Mutter, zeitlebens mit der Hausfrauen-, Mutter- und später Großmutterrolle ausgefüllt und, wie es schien, darin auch gut aufgehoben, war dennoch nicht wunschlos. Als ich ihr nach dem Tod des Vaters eine gemeinsame Reise vorschlug und sie nach einem Ziel fragte, sagte sie ohne Überlegung: »Die Provence.« Ich war sehr überrascht: Meine Mutter war ihrer Lebtag kaum je außer Landes gewesen: wie kam sie auf diesen Wunsch? Jahrzehnte zuvor hatte ich selbst in der Provence Ferien gemacht und anschließend begeistert davon erzählt. Ohne daß eines ihrer Kinder es ahnte, entwickelte sich in ihr damals der Traum, auch einmal selbst in eine solche Gegend zu fahren. Mit über Siebzig endlich konnte sie ihn aussprechen – und wir haben miteinander noch manche schöne Reise gemacht.

Zur Freiheit des Alters gehört, daß man manches nachholen darf, das einem früher verwehrt war.

Heute leben wir in ganz anderen gesellschaftlichen Verhältnissen. Was sich Brechts Großmutter erlaubt, ist heute nicht mehr außergewöhnlich. (In unserer hedonistischen Epoche gilt es in gewissen Kreisen sogar als anstößig, wenn eine Frau »nur« für Kinder und Enkel, ihren Mann dasein will.) Aber deswegen hat die Geschichte ihre Anziehungskraft noch lange nicht eingebüßt. Der tief verwurzelte Wunsch, einmal sämtliche beruflichen, familiären, geschlechterrollenspezifischen, ideologischen und klassenbedingten Zwänge abzuschütteln und ganz einfach zu tun, was man will, ist wohl zeitlos.

Vor allem Familienfrauen haben an der Schwelle zum Alter oft genug von ihrer bisherigen Rolle als Mami, die stets für die andern da ist, an sich selbst zuletzt denkt, ewig nachgibt und zu Kompromissen bereit ist. Diese eher negative Bilanz kommt oft in einer Phase, wo sich auch altersbedingte Defizite bemerkbar machen: das Gewicht läßt sich einfach nicht mehr halten, die Männer drehen sich weniger oft nach einem um, man ist oft so müde. Man sollte endlich mal an sich denken, »Nein« sagen lernen, sich abgrenzen. Das sagen auch die Freundinnen und vor allem die Frauenzeitschriften und psychologischen Ratgeber. In der Tat war vieles, was man für andere getan hat, für die Familie, für den Chef oder die politische Gruppe, nicht selbstbestimmt, sondern man hat, wie Brecht es beschreibt, nacheinander die Rolle der Tochter, Ehefrau und Mutter erfüllt. Und das Leben, auch der Beruf, hat nicht das gebracht, was man sich erhofft hatte. Es bleibt etwas Unausgefülltes, ein Defizit.

Aber nur Nein zu sagen und sich gegen die bisherigen mehr oder weniger aufgezwungenen klassischen Frauenrollen zu wehren, genügt auf die Dauer nicht. Wir müssen uns, unter neuen Vorzeichen, wieder in die menschliche Gemeinschaft, die aus Frauen und Männern besteht, integrieren, dazu Ja sagen können. Die resolute, strikte Verweigerung, sich weiterhin zur Verfügung zu stellen für Rollen, die das weibliche Geschlecht ausnutzen (Dienstleistungen, bei denen die Lorbeeren den Männern zukommen, ausführende Arbeiten, die bei weitem nicht unserer Qualifikation entsprechen und dementsprechend schlecht bezahlt sind, politische Ämter, die Alibifunktion haben oder Männern als Aufsteigevehikel dienen), ist eine Schutzhaltung, die notwendig ist. Sich nicht mehr vereinnahmen, nicht mehr über sich verfügen zu lassen, bringt aber noch kein Huhn in die Pfanne. Auch der Rückzug in die Nische der Frauengruppe befreit auf die Dauer nicht, sondern kann im Gegenteil das Selbstmitleid fördern, wenn sie den Blick einseitig auf die Opferrolle der Frau fixiert.

Es kann einsam und liebeleer um einen werden, wenn man nur die Freiheit von, nicht aber die Freiheit für praktiziert.

Das Wünschen, dem das Träumen vorausgeht und dem das Begehren folgen soll, das dann in eine konkrete Tat mündet: das ermöglicht echte Freiheit. Die Kraft des Wünschens ist ungebrochen, wenn frau sich darauf einläßt.

Auf der Expo 02 gab es einen Pavillon, in dem man Wünsche in einen Projektionsapparat sprechen konnte, worauf der Wunsch auf dem sich wellenden Wasser des Bielersees erschien. In einem Pavillon daneben waren im Stockdunkeln Wasserbetten aufgestellt, in denen sich vorwiegend Junge räkelten. Ich beobachtete eine Frau, sie schien mir vom Land, Mitte Fünfzig, die dem Treiben eine Zeitlang zusah und sich dann mit fast verschämten Bewegungen auch auf so ein Bett legte, sachte hin- und herschaukelte. Später dann traf ich sie im Wünsche-Pavillon und sah, wie unter ihrem gesprochenen Wunsch auf der Seefläche die Worte erschienen: »Ich wünsche mehr Zärtlichkeit.« Ich hoffe, daß sie an dem Wunsch intensiv festgehalten – und er sich inzwischen erfüllt hat.

Einen Wunsch zum Vorsatz werden zu lassen, den Vorsatz in eine konkrete Handlung umzusetzen, erfordert Autonomie, persönlichen Mut und eine gewisse Risikofreudigkeit. Die Angst, einen Fehler zu machen, hält manche Frau davon ab.

In der Bahn traf ich unerwartet eine frühere Nachbarin. Ich hatte sie seit vielen Jahren nicht mehr gesehen. In eine Ecke des Abteils gekuschelt, fuhr sie allein und schaute interessiert aus dem Fenster.

Die alte Bäuerin wohnte noch im selben Dorf, in dem sie aufgewachsen war. Sie hatte vier Kinder großgezogen und daneben gemeinsam mit ihrem Mann ein kleines Bauerngut betrieben. Sie waren ein Paar, das gerne im »Tandem« zusammenarbeitete. Man sah sie miteinander am selben Baum die Kirschen pflücken, hinter dem Haus die Reben aufbinden, im Garten die Himbeeren lesen. Die Gemeinsamkeit zwischen den beiden im Denken und Tun war wunderbar eingespielt, sie ergänzten sich auf ideale Weise. Es war zwar leicht festzustellen, daß sie die Intelligentere war – und dies auch wußte. Sie rieb es ihm aber nicht unter die Nase, im Gegenteil: es gab niemanden, der über seine Witze so herzlich lachen konnte wie sie, und niemand bewunderte so wie sie seine Fähigkeit, Vogelstimmen nachzuahmen. Daß er auf sie hörte, sich auf sie verließ, wenn es um Entscheidungen ging, war auch klar.

Seit einiger Zeit war sie Witwe. Und leistete sich ganz allein einen Ausflug mit der Generalabo-Karte für einen Tag.

Heute sei ein so klarer Tag, zu schön, um ihn zu Hause zu verbringen, und sie habe frühmorgens beschlossen, auf die Rigi zu fahren, wo die Rundsicht heute bestimmt unerhört sei. Als Kind sei sie auf einer Schulreise dort oben gewesen, das werde sie ihr Lebtag nie vergessen und möchte nun alles noch einmal sehen. Ihre dunklen, lebhaften Augen leuchteten. Sie löste die Arme aus der Verschränkung und berichtete, daß sie sich »ab und zu« so ein »Reislein« gönne. »Plötzlich muß ich weg – etwas erleben! Jetzt haben wir ja keine Kühe mehr, ich bin frei, kann auf und davon.« Sie stehe dann jeweils um vier Uhr auf, wie früher im »Heuet«, aber statt der Heugabel nehme sie den Fahrplan hervor, suche sich ein Ziel – oder manchmal fahre sie auch ins Blaue hinein, steige um, wo sie grade Lust habe. »Ich schaue gern den Leuten zu, nie hätte ich gedacht, daß ich im Leben auch mal so eine Touristin bin, die einfach Ferien macht«, lachte sie schelmisch. Dann kam sie ins Philosophieren: »Früher habe ich diese Leute oft beneidet, aber heute, wenn ich an einem Strand die Kurgäste in ihren Liegestühlen betrachte, bin ich nicht sicher, ob sie ein besseres Leben hatten als ich. Manchmal gehe ich auch ins Landesmuseum, studiere, wie es in früheren Zeiten war. Das ist alles sehr interessant. Und dann kaufe ich ein Buch dazu, denn jetzt habe ich abends Zeit zum Lesen, wenn mir nur noch das Ticken der Uhr in der Stube Gesellschaft leistet. Früher habe ich euch im Nachbarhaus immer beneidet um eure Bibliotheken – das kann ich jetzt ein Stück weit nachholen!«

Ich hätte Frau B. diese Selbständigkeit im Alter nie zugetraut! (Wir sehen die Menschen mit Vorliebe so, wie wir sie kennen, sind überrascht und irritiert, wenn sie sich plötzlich von einer neuen Seite zeigen.)

Wenn Ältere längere Zeit im Spital waren oder eine Periode des depressiven Rückzuges durchlebt haben, nehmen wir allzu leicht an, daß es halt nun weiter »bergab« gehe, und sind erstaunt, wenn sich die Betreffenden wieder voll erholen, unternehmungslustig und aktiv sind.

Eine wunderbare Erfahrung auf dem Höhenweg des Alters ist die Feststellung, daß man in vielem mit weniger auskommt.

Das gilt zwar nicht unbedingt hinsichtlich der Finanzen. Die Auslagen für die Aufrechterhaltung der Gesundheit und Mobilität sind nicht zu unterschätzen (Kuren, Therapien, Pediküre, Spitex, Mahlzeitendienst, Entlastung im Haushalt, Taxis etc., höhere Selbstbehalte für Arzt und Apotheke).

Aber immer wieder hört man: »Das muß ich nicht mehr haben!« Und es klingt befreit und erlöst, nicht resigniert. All die Rücksichten, die dem Status gegolten haben, das Befolgen konventioneller »Pflichten«, all dies kann lockerer genommen werden, weil man einen »Alters-Bonus« hat, hauptsächlich aber, weil es einem ganz persönlich unwichtiger geworden ist. Das selbstvergessene Dasitzen auf einer Bank an der Sonne kann Ausdruck davon sein, daß man sich nicht mehr mit Äußerem beschäftigt, daß das Leben um Wesentliches kreist und man befreit ist von vielem, was bis anhin ein »Must« war.

Ich habe eine Frau gekannt, die im Alter ohne allen äußeren Besitz leben konnte und dennoch eine unnachahmliche Würde ausstrahlte. Sie war Elsässerin, hatte beide Weltkriege in diesem kriegsdurchfurchten Landstrich erlebt, und die Arbeit mit Kriegsopfern und Flüchtlingen wurde ihr später zum Lebensinhalt. Im Zweiten Weltkrieg mehrmals ausgebombt, fand sie sich am Ende desselben in einem alten Bahnwagen wieder, den sie für sich und ihre Mutter notdürftig als Behausung herrichtete. Sie war weiterhin in Rotkreuzdiensten und in der Leitung von Hilfswerken tätig und weitherum bekannt und geachtet. Sie ging in ihrer Arbeit auf, sorgte für sich selbst nicht groß und lebte immer noch in ihrem Provisorium, das, inzwischen mit Holz ausgekleidet, mit den Jahren ein einzigartiges Ambiente bekam.

Aber als sie älter wurde, war der Bahnwagen nicht mehr wintertauglich. Da sie in keiner Weise für ihr Alter vorgesorgt hatte, reichte ihre winzige Rente für eine Wohnungsmiete nicht aus. Sie besaß aber den Reichtum eines großen, verläßlichen Freundeskreises, wo sie fortan, immer für je ein paar Wochen, im Winter unterkam. Sie wohnte sozusagen gratis, was in jedem andern Fall zu unausgesprochenen Spannungen geführt hätte. Sie aber hatte gelernt, sich dem Leben und seiner Güte zu überlassen. Diese Sorglosigkeit und dieses Lebensvertrauen hatten eine so befreiende Wirkung auf ihre Gastgeber, daß alle immer glücklich waren, wenn sie sich wieder mal bei ihnen niederließ. Fräulein H. konnte mit leeren Händen leben und empfangen, machte damit andere reich. Ihre Sorglosigkeit erinnerte an die Bibel, wo es heißt, daß für die Vögel unter dem Himmel und die Lilien auf dem Felde gesorgt ist und Menschen, die nach dem Reich Gottes trachten, nicht fragen müssen: Was werden wir essen, was werden wir trinken und womit werden wir uns kleiden?, weil ihnen solches alles zufällt. Sie war ein wahrhaft freier Mensch.

An ihr winziges Köfferchen erinnere ich mich mit Neid. Es war ein Erbstück aus ihrer aristokratischen Familie, aus Krokodilleder und mit Schnappverschluß und hatte viele Reisen mitgemacht. Fräulein H. konnte es bis ins hohe Alter selber tragen. Sie war eine »dünne« Reisende und störte niemanden, im Gegensatz zu manchen heutigen Passagieren, die mit Ladungen von Gepäck ins Bahnabteil donnern, mit gigantischen Rucksäcken, bombastischen Hartplattenkoffern, Rollbrettern und unförmigen Reisetaschen, die den andern Reisenden den Weg versperren. Fräulein H. aber brauchte nur wenig zum Leben. Mit einer einzigen schönen Bluse war sie tadellos gekleidet.

(Werde ich einmal darauf verzichten können, mehrere Bücher und mehrere Paar Schuhe gleichzeitig auf die Reise zu nehmen und meinen Rollbag wie einen Wurmfortsatz hinter mir herzuziehen?)

Die Erkenntnis, daß das Leben Gnade und Geschenk ist, befreit.

Aber nicht alle haben gelernt, Geschenke anzunehmen.

Die gute Wende im Leben zeigt sich meistens nicht durch einen radikalen Bruch mit allem Überkommenen, wo sich dann meistens das, was man scharf verurteilt hat, zur Hintertür wieder hereinschleicht. Die Wende vollzieht sich allmählich, indem sich Prioritäten verändern.

Im späten Leben mag es gelingen, seine eigenen Lebenslügen zu durchschauen und versöhnlich darüber zu lächeln. Lebenslügen sind Krücken, die einem helfen zu überleben. Während wir im Alter vielleicht eine Krücke zum Gehen brauchen, können wir uns andererseits von inneren Krücken befreien, weil wir sie nicht mehr brauchen.

Ich habe ein Leben lang geglaubt, meinen jüngeren Geschwistern eine »gute, ältere Schwester« sein zu müssen – und was ist dabei herausgekommen? Das pure Gegenteil: Trotzdem verachte ich diese Anstrengung nicht, auch wenn ich heute über meinen Mißerfolg nur den Kopf schütteln kann. Das Leben vollzieht sich in Irr- und Umwegen – und das Wesentliche geschieht gerade auf diesen. Trotzdem gehöre ich nicht zu den Menschen, die von sich sagen, wenn sie nochmals zur Welt kämen, würden sie alles genau so machen. Ich bereue einiges. Reue ist für mich ein wichtiger Vorgang im Leben. Wer niemals aus Reue heftig geweint hat, kann vielleicht gar keinen Neuanfang machen. Ich habe Reue als etwas Reinigendes, Befreiendes erfahren, wie einen Jungbrunnen. Wenn ich es bereue, daß ich erst relativ spät im Leben ein politisches Bewußtsein entwickelt und damit viele Entwicklungen verschlafen habe, so bin ich um so wacher für die Zeit, die mir noch bleibt. Wenn es mich immer wieder reut, Menschen zuwenig zugehört zu haben, zuwenig auf sie eingegangen zu sein, kann ich es vielleicht da und dort wiedergutmachen. Und dort, wo es nicht mehr gutgemacht werden kann, und im Alter bleibt diese bittere Erkenntnis nicht aus, wird dies in der Reue gleichsam bereinigt. Man kommt mit sich ins Reine.

Der Höhenweg des Alters kann bedeuten, daß man aufhört, mit sich und andern zu hadern, aufhört, nachts stundenlang die ewig gleichen Probleme hin- und herzuwälzen, daß man schließlich imstande ist, andern zu vergeben und mit den eigenen Fehlern zu leben. Selbstgerechtigkeit ist eine Eigenschaft, die nach meiner Ansicht zur inneren Versteinerung im Alter beiträgt. Reuetränen hingegen bringen alles ins Fließen, machen uns weich und aufnahmebereit für die Versöhnung.

Alte können nicht nur mit unbestechlicher Sicht und sarkastischem Witz menschliche Bosheit geißeln, sie können auch menschlicher Schwäche mit Nachsicht begegnen, einer mit Humor gewürzten Güte.

»Erst im Alter kann die Freiheit auffällig wachsen: nicht die Sehnsucht nach ihr, sondern schon die Realisierung. Man will keine Karriere mehr, man kann keine mehr wollen. Der Wettlauf ist vorbei. Mit ihm: das Sichanpassen-Müssen, das Einstecken-Müssen. Mit ihm: die Angst, den richtigen Zug zu versäumen. Mit ihm: die Sorge, aufs falsche Pferd zu setzen. Mit ihm: das Wiederkäuen der blödesten Prunksätze des Zeitgeistes.« (Ludwig Marcuse)

4. Altersgewinne

Alte Menschen sind in der Regel stolz auf ihre zurückgelegten Jahrzehnte. »Habe ich wirklich all diese Jahre durchlebt?« fragte ich mich fast ungläubig, als wir meinen siebzigsten Geburtstag feierten und ich von der Sonnenterrasse eines Bergrestaurants hinunter ins Tal schaute, das im Schatten lag. Der Stolz ist da, wenn auch ein wenig lächerlich, denn die Zahl der gelebten Jahre sagt ja nichts darüber aus, ob ich irgendwie ein Leuchten entfacht habe oder spurlos über die Erde gegangen bin und nichts und niemanden je angetastet habe, nicht einmal mich selbst.

Aber trotzdem: Wir haben es bisher geschafft, sind noch da. Und, ob wir es uns eingestehen oder nicht: Jedesmal, wenn wir in der Zeitung die Todesanzeige einer Jahrgängerin oder eines Jahrgängers lesen, erfüllt uns die Genugtuung, daß wir selbst noch leben. (Man sagt, daß eben dies der Grund sei, warum ältere Jahrgänge so gerne die Seiten mit den Todesanzeigen in den Zeitungen verfolgen!)

Auf der Höhe des Alters, kurz bevor unsere Kräfte sich reduzieren, rufen wir gerne nochmals die Zeiten unseres Lebens in Erinnerung, als wir voll im Saft standen. Groß, überdimensional, beinahe heroisch erscheinen sie vor unseren Augen. Die siebzigjährige Frau mit dem schütteren Haar, den unzähligen Falten im Gesicht, verliebt sich in das Bild ihrer Erscheinung in jungen Jahren, als sie vielbewundertes, langes Haar, eine Pfirsichhaut und superschlanke Beine hatte (Erinnerung vergoldet!). Wenn ihr dann ab und zu die Zeiten verrutschen und sie in ein kurzes Röcklein schlüpft, um diese Beine zu zeigen, und mit knallrotem Lippenstift und kräftigem Wangenrouge jenes Jungmädchengesicht herzaubert, das sie einst hatte, wer will es ihr verargen? Der weißhaarige Bergsteiger, der sich nach anstrengender Tour schwer atmend auf dem Gipfel fotografieren läßt, fühlt sich nicht als alter Mann, für den solche Touren eine Überforderung darstellen, sondern als der Pfundskerl, der er mit Dreißig war. Wie gut es ihm tut! (Weniger dem Herz als dem Gemüt.) Die pensionierte Amtsvorsteherin identifiziert sich immer noch mit der beruflichen Kompetenz, die sie im Zenit ihres Lebens vorweisen konnte – und ist in dieser berauschenden Erinnerung ignorant für die Erfahrungen ihrer jüngeren Kolleginnen. Der schläfengraue Senior erglüht von oben bis unten beim Anblick einer straffbrüstigen

Mittelschülerin und ist ganz perplex, wenn diese achtlos an ihm vorübergeht.

Von einem gewissen Alter an lassen wir uns gerne dafür bewundern, wie gut wir noch »drauf« sind. Wer mehr als fünfundsiebzig Jahre zählt, genießt einen »Alters-Bonus«. Manches wird einem nachgesehen, erlassen, verziehen. Manche Betagte nützen dies voll aus.

Ich finde es lieblos, wenn alte Menschen, die stolz auf ihr langes Leben hinweisen und beim Erzählen ihrer »Lebensleistungen« vielleicht etwas Schaum schlagen, sogleich heruntergeputzt werden. Es ist ihnen zu gönnen, sich für einen Moment nochmals jung zu fühlen.

Wenn Ältere noch etwas wagen wollen, werden sie gerne belächelt. Nichts als Abraten, Zur-Vorsicht-Mahnen (was nutzlos ist), immer nur die Hinweise, daß man sich überschätze. In Wirklichkeit unterschätzt die aktive Generation die Alten notorisch.

Im Alter verkörpert man ein Stück Geschichte, hat einen Faden in ihr Tuch gewebt. Ich schaue bis hinter den Zweiten Weltkrieg zurück, die meisten jetzt lebenden Menschen kennen die Krise der dreißiger Jahre des letzten Jahrhunderts nur vom Hörensagen, ebenso die Landi 1939, den Krieg, die Achtundsechziger-Bewegung.

Am Ende des Lebens ist man das, was man gedacht, geliebt und vollbracht hat.

Zugleich hing vieles von glücklichen oder unglücklichen Umständen, Zeitströmungen, Zufällen ab. Selbst bei Menschen, für die das Leben nicht nach Wunsch lief und die nicht frei sind von Verbitterung, ist ein sarkastischer Stolz darauf festzustellen, daß man sich durchgebissen hat.

Im Kunsthaus Zürich hängt ein Bild des Zürcher Malers Albert Welti. Es stellt seine Eltern dar. Ein Paar in gesetztem Alter, mit gefalteten Händen vor einer abgeräumten Festtafel sitzend. In ihrem Rücken liegt die Landschaft des Zürichsees. Über den beiden wölbt sich der kunstvoll verzierte Fensterbogen, dessen zugleich trennende und stützende Mittelsäule zwischen Mann und Frau plaziert ist, wie um sie nicht nur als Paar, sondern auch im Einzelnen zu würdigen. Das Bild des gestandenen, wohlhabenden Paares vermittelt die Fülle und das Gewicht ihrer gelebten Jahre. Das Schwarz ihrer Kleidung drückt eine gewisse Altersschwere aus, aber sie blicken in gelassener und würdevoller Haltung geradeaus. Man hat den Eindruck, das Wesentliche sei gesagt und getan. Die abgearbeiteten Hände ruhen, das Planen und Sorgen ist vorbei. Die beiden Menschen haben die Hauptzeit ihres Lebens durchschritten, und an ihrer Wohlerhaltenheit läßt sich ablesen, daß sie weder einander noch das Ziel ihres Lebens aus den Augen verloren haben. So wenigstens stellt der Sohn seine Eltern dar, so ist ihre Geschichte auf ihn gekommen, so geht sie weiter auf die Beschauer nachfolgender Generationen.

Das Doppelporträt des Zürcher Unternehmer-Paars Welti-Furrer bildet Repräsentanten einer Zeit ab, in der das freie Unternehmertum blühte. Weltis Firma expandierte zu einem weltumspannenden Transportunternehmen und besteht noch heute. Das Porträt spiegelt also auch Zeitgeschichte wider. Der Sohn des Malers Albert Welti, Enkel des porträtierten Firmengründers, schreibt eine witzige Biographie über seinen Vater, die er seinen Enkeln widmet, also der fünften Generation nach dem Fuhrhalter Welti-Furrer, der sich in der Mitte des neunzehnten Jahrhunderts noch mit Klagen der Zürcher Bürger über zu lautes Peitschenknallen seiner Fuhrleute auseinandersetzen mußte. Inmitten des beschleunigten Wandels unserer Zeit bildet das eindrückliche Gemälde nicht nur Zeugen der Geschichte ab, sondern steht für ein ganzes Zeitalter, in dem wir auch ein Mosaiksteinchen darstellen werden.

Natürlich ist nicht jedes Leben nach außen erfolgreich und hat nicht jeder Nachkommen, die als Maler und Dichter ihre Vorfahren verewigen. Dennoch: »Wenn ein Mensch stirbt, verbrennt eine ganze Bibliothek«, sagt ein japanisches Sprichwort. Jedes menschliche Leben, das erlöscht, birgt in sich ein einzigartiges Stück Geschichte.

Geschichte ist vertrauensstiftend, und alte Menschen stiften mit ihrer bloßen Existenz das Vertrauen, daß das Leben lebbar ist.

Wenn ältere Menschen erzählen, nicht nur die Heldentaten, sondern auch die Krisen, Mißerfolge und Irrwege ihres Lebens, vermitteln sie den Jüngeren das Vertrauen, daß dieses Leben trotz Verirrungen, Schicksalsschlägen und Ungenügen so weit gelingen kann, daß man im Alter gerne darüber berichtet, also trotz überstandener Strapazen an diesem Leben hängt.

Die gegenwärtige Rezession mit ihren finanziellen Einschränkungen, der Arbeitslosigkeit und ungewissen Zukunftsaussichten trifft die heutigen Menschen unvorbereitet und hart. Man weiß in der Schweiz nicht mehr, wie es ist, wenn es abwärts geht. Was fremd ist, macht Angst. Katastrophenängste tauchen auf. Niemand weiß, wie es weitergeht. Man spricht schon vom Weltuntergang.

Als eine Gruppe von Fünfzigjährigen zusammensteht und die neuesten Nachrichten über Betriebsschließungen entgegennimmt, sich ratlos fragt, »wie das alles noch endet«, stößt eine um zwanzig Jahre Ältere dazu und beginnt zu erzählen, wie es hier in Biel in den dreißiger Jahren des letzten Jahrhunderts zu- und herging. Massenentlassungen in der Uhrenindustrie! Sie erinnert sich an einen Nachbarn, der während vieler Monate täglich bei seinem ehemaligen Arbeitgeber, einer Uhrenschalenfabrik, vorgesprochen hat mit der Frage: »Habt ihr heute Arbeit für mich?« Unter Bieler Schulkindern sei, in Abwandlung des damaligen Gassenhauers »Das ist die Liebe der Matrosen ...« gesungen worden: »Das ist die Liebe der Arbeitslosen: mit dem Stempel in der Hand, los aufs Arbeitsamt ...«

Diese Erinnerungen relativieren augenblicklich die Katastrophennachrichten der Gegenwart in dem Sinne, daß alles schon mal da war und sich die Erde trotzdem weitergedreht hat. Zeitzeugen wissen auch, daß damals trotz allem mitten in der Krise gelacht und geliebt wurde. Schließlich mußten auch die Frauen, die da starr vor Angst zusammenstanden, lachen. Spontan meinten sie: »Das hat jetzt gutgetan!« Durch die Erinnerung der Älteren war das bedrohende Unbekannte zu etwas geworden, das zum Leben gehört.

Wenn man sich nicht brüstet mit dem, was man erlebt hat, und nicht versucht, mit Hinweisen auf die Vergangenheit die Realität der heutigen Menschen abzuwerten oder zu verharmlosen, vermittelt erzähltes Leben ein Vertrauen zum Leben an sich. Darum ist es auch sinnvoll, Erinnerungen zu sammeln und aufzuschreiben. Es ist falsch, zu denken, dies lohne sich nicht. Zunächst interessiert sich vielleicht niemand dafür, aber viel später, in der nachfolgenden Generation, kann es plötzlich zu etwas Kostbarem werden.

Alte Menschen besitzen oft Fertigkeiten, die früher alltäglich waren, aber heute zur Rarität geworden sind. Wenn auf der Post der Computer ausgestiegen ist und die Beamtin meine Einzahlungen im Kopf zusammenrechnen muß, staunt sie, daß ich das Resultat viel schneller habe; aber ich konnte für das Addieren immer nur meinen Kopf einsetzen. Handgeschriebene Briefe werden bald zur Seltenheit! Die Handschrift verkümmert, wenn man sie nicht mehr gebraucht. Manche können sich gar nicht mehr vorstellen, daß man Bücher schreiben kann, ohne einen Computer zu benutzen. Fertigkeiten wie das Herstellen einer Kordel mit zwei Fingern oder das Reparieren und die Wiederverwertung von ausrangierten Dingen, anstatt sie einfach wegzuwerfen, die Anwendung von alten, einfachen Hausmitteln bei Erkältung etc. beinhalten Wissen, das einen besonderen Wert hat. Daß man selbstverständlich im Haushalt Wasser und Heizung spart, ohne das zuvor bei den »Grünen« gelernt zu haben, ist für Junge neu. Viele möchten gerne einen blühenden Balkon oder Garten, haben aber keine Ahnung, wie man eine Pflanze zum Blühen bringt. Ältere Menschen haben oft »einen grünen Daumen«, weil sie in langen Jahren des Umgangs mit Pflanzen gelernt haben, was diese brauchen.

Die Erfahrung, daß man früher dies und das anders machte, es sogar noch heute anders machen könnte, vermittelt die Erkenntnis, daß es eine unendliche Vielfalt von Lebensbewältigungsmustern gibt!

Dazu gehören die Möglichkeiten, etwas von Hand zu machen statt eine Maschine anzuschaffen, das Land ohne Auto zu erkunden, wunderschöne Fotos zu schießen mit einem uralten, »primitiven« Apparat.

Man darf nicht vergessen, daß hinter dem heutigen Streß und der heutigen Ziellosigkeit auch die Angst davor steckt, was passieren würde bei einem GAU der Elektronik, Stromzusammenbrüchen etc. Daß es einmal auch ohne Computer ging, darf nicht vergessen werden ... Wenn ich mit Jungen in meinem Wohnzimmer arbeite, sind sie verwundert darüber, wie schnell ich eine Datenquelle mit einem Griff in meinem wohlgeordneten Bücherregal gefunden habe und wieviel in meinem Gedächtnis gespeichert ist. Das muß so sein, weil ich keine »Maus« zur Verfügung habe. Wenn es der einzige Stolz eines Seniors ist, daß er »das Internet auch kann«, wird er einem Jungen aus seiner spezifischen Lebenserfahrung wenig mitgeben.

Was liegt im Begriff »Erfahrung« alles verborgen? Den Alten wird »Weisheit« nachgesagt. Es heißt aber auch: »Alter schützt vor Torheit nicht« und mancher, der seine zufällig erworbenen Lebenserfahrungen zur Richtschnur des absolut Gültigen erhebt, unterdrückt damit nur die neuen Erkenntnisse derer, die nach ihm kommen. Dennoch gehören Lebenserfahrung und Weisheit zu den großen Altersgewinnen.

An der Expo 02, auf der Arte-Plage Murten, gab es

eine interessante Installation mit dem Titel »Heimatfabrik«. Aus unzähligen Schläuchlein flossen Säfte, die am Schluß kristallisierten und zu einem hohen Berg wurden, zu einem Berg von Erfahrungen, vielleicht auch zu einem Bild von »Heimat«.

Der Begriff »Weisheit« hat etwas zu tun mit kristallisierter, geläuterter Lebenserfahrung.

Die Kriterien der Altersweisheit werden nach Smith so umschrieben:

1. Reiches Wissen über den Lebensverlauf und unterschiedliche Lebenslagen (Faktenwissen)
   Ein erfahrener Arzt weiß, daß die Wirklichkeit eines kranken Menschen medizinisches Wissen weit übersteigt. Er hat es erlebt, daß Patienten gesund wurden, obwohl dies gemäß medizinischer Diagnose eigentlich unmöglich gewesen wäre. Er hat es erlebt, daß ein Medikament bei diesem Patienten hilft, beim andern aber nicht, ohne daß man genau weiß, warum. Die Erfahrungen »ordnen« sich in ihm zu einem Wissen darüber, wie komplex das Ganze ist: Er hütet sich vor vorschnellen Diagnosen, aber die Zusammenschau verschiedener Fakten und die Vergleiche über lange Zeit hinweg geben ihm Sicherheit in der Diagnostik und Behandlung.
2. Reiches Wissen, wie Lebensprobleme zu handhaben und welche Lösungen sinnvoll sind (Strategiewissen)
   Steht ein Team vor der Behandlung einer Konfliktsituation, so hören ältere, weise Teammit-

glieder oft mehr zu, als daß sie mitreden, aber gegen Schluß der Diskussionen können sie aus dem Fundus ihrer Erfahrung heraus raten, in diesem Fall mit Interventionen lieber noch zuzuwarten oder in jenem sofort zu handeln, weil die Sache sonst aus dem Ruder läuft. Jüngere Teammitglieder stimmen diesem Rat dann oft zu, weil sie spüren, daß da einer aus einem »Raum der Lebenserfahrung« heraus spricht, der verläßlich ist.

3. Reiches Wissen über entwicklungsmäßige und zeitliche Zusammenhänge einer Lebensspanne (Liefespan-Kontextualismus)
   Ein Chef, der Kenntnis hat von den Brüchen in der Biographie eines Mitarbeiters und weiß, daß dieser schon mehrmals gescheitert ist an Aufgaben, die aber auch kaum lösbar waren, wird es unterlassen, ihm Tätigkeiten zu übertragen, die mit einem hohen Erfolgsrisiko belastet sind.
4. Wissen um Unterschiede in Werten und Prioritäten (Relativismus)
   Eine junge Schweizerin beklagt sich über ihren Ehepartner aus Zaire, weil dieser kein Verständnis dafür hat, daß sie, mitten im Streß ihres Doktorexamens, keine Zeit hat für dessen zu Besuch weilenden Bruder. – Ein pflichtbewußter Prokurist erledigt zuerst einen ganz dringenden Auftrag, bevor er seine Frau zum Arzt bringt. In beiden Fällen können weise Personen das Verhalten der beteiligten Personen relativieren, wenn sie Wertsetzungen und Prioritäten derselben mitbe-

rücksichtigen. Sie gelangen so zu ausgewogeneren Urteilen.

5. Wissen um die relative Unbestimmtheit und Unvorhersagbarkeit des Lebens und die Art, damit umzugehen (Ungewißheit)
   Ältere Personen wissen, daß Prognosen über Entwicklungen der Gesellschaft immer ungewiß sind, auch wenn entsprechende Berechnungen diese Entwicklungen als »todsicher« erscheinen lassen. Sie wissen das, nicht weil sie Forschern oder Politikern mißtrauen, sondern weil sie in langen Jahren erfahren haben, daß Leben sich nie mit Bestimmtheit voraussagen läßt.

Nun muß ich aber sehr betonen, daß längst nicht alle älteren Menschen über die Qualitäten, die man als Weisheit bezeichnet, verfügen, und daß auch viele jüngere Menschen diese Qualitäten aufweisen. Das Weisheitskonzept umfaßt nach Smith »Kenntnisse über die spezifisch menschlichen Bedingungen des Lebens, das heißt Wissen über den Verlauf, die Veränderungen, Variationsmöglichkeiten, Komplikationen, existentielle Konflikte und mögliche Lösungen«. Dieses Expertenwissen in grundlegenden Lebensfragen wird durch längeres Leben begünstigt, darum werden sich unter weisen Personen überproportional viele ältere Erwachsene befinden. Nicht umsonst werden darum gerne für Coaching-, Beratungs- oder Schiedsrichterfunktionen ältere Persönlichkeiten berufen, die einen großen Erfahrungsschatz haben und in Besonnenheit Urteile fällen können.

Wenn politische oder ideologische Debatten in Polemiken auszuarten drohen, sich Machtkämpfe abspielen, ist es oft die maßvolle, gelassene Art eines Älteren, der aus seinem reichen Faktenwissen, der Kenntnis der Geschichte und dem Wissen um die Unvorhersagbarkeit des Lebens heraus ein Wort spricht, das klärt und verhindert, daß der »Karren« entgleist. Wenn aufgrund von Tabula-rasa-Entschlüssen das Kind mit dem Bade ausgeschüttet zu werden droht, erinnern Alte mit ruhiger Stimme an das, worum es eigentlich geht.

Ältere Menschen haben häufig eine wertkonservative Lebenseinstellung. Wertkonservative Menschen beharren auf jenen ethischen Grundlagen, die auch in der modernen Gesellschaft Gültigkeit besitzen. Ich denke an den Generationenvertrag, die Solidarität mit Schwächeren, die Bürgerpflichten, Eigenschaften wie Rücksicht, Fairneß und Höflichkeit und eine nachhaltige Lebensweise zugunsten der nachkommenden Generation.

Diese Lebenshaltung ist zu unterscheiden von einer konservativ-reaktionären Einstellung, die das Rad der Zeit am liebsten zurückdrehen möchte und bei der es primär um die Erhaltung von überkommener Macht und den entsprechenden Privilegien geht.

Leider haben sehr viele ältere Menschen eine solche Lebensauffassung. Nach meiner Meinung handelt es sich hier um Menschen, die den Wandel der Welt nicht mehr mitvollziehen wollen oder können und darum alles, was »modern« ist, als etwas Feindliches ablehnen. Im Gegenzug wird das Vergangene und das, was man selbst im Leben geleistet hat, vergoldet. Die eigene Überzeugung wird zum Dogma erhoben, zu einem Machtmittel, das Menschen mit anderer Erfahrung unterdrückt. Erfahrung ist jedoch nichts wert, wenn sie zur Norm für das, »was sein soll«, gemacht wird. Erfahrung ist nie »fertig«, nie sakrosankt, Erfahrung wächst stetig und wird durch die Beiträge der Menschen der Gegenwart in Frage gestellt und verändert. Bildlich gesprochen: Erfahrung muß stets »gewässert« werden vom Fluß des aktuellen Geschehens, sonst wird sie zur harten Masse, die blockiert.

Ich kenne jedoch auch viele progressive Seniorinnen und Senioren. Gerade weil ältere Menschen nicht mehr endlos Zeit haben, können sie zu ungeduldig Drängenden werden, damit »endlich etwas geht«. Ältere stehen oft leidenden Menschen näher als Jüngere. Es gibt nicht nur reaktionär-fremdenfeindliche Alte, im Gegenteil. In der Friedensbewegung, der freiwilligen Hilfe für Flüchtlinge und Obdachlose und in anderen Bereichen sind sehr viele ältere Menschen bereit, zu helfen, darunter viele, die sich auch auf der politischen Ebene für die Rechte von Benachteiligten einsetzen.

5. Passivität – wie Aktivität eine Voraussetzung für das Lebendigbleiben

Menschliches Leben ist vom Wechsel zwischen Aktivität und Passivität geprägt. Heute gerät das manchmal in Vergessenheit. Aktivität und Mobilität werden zu Synonymen des Lebens schlechthin. Als betriebsamer Mensch kann ich aber genauso innerlich versteinern wie als notorischer Fernsehgucker.

Zum Höhenweg des Alters gehört es, die Balance zu finden zwischen der aktiven und passiven Lebensweise.

Gerontologen sprechen von endogener Beweglichkeit (Passivität), wo der Mensch ohne äußere Intervention durch innere Auseinandersetzung lebendig bleibt, und exogener Beweglichkeit (Aktivität), in der wir uns durch Interventionen im äußeren Bereich lebendig erhalten.

Die sogenannte Balance gelingt im Alter oft besser als im stressigen, überaktiven Leben vor der Pensionierung.

Wenn wir aktiv *und* passiv sein können und beide Quellen ausschöpfen, ist unser Altershöhenweg von einer Sonne beschienen, zu der die Jüngeren aufschauen werden und nach der sie sich manchmal sehnen.

Aber es braucht ein Stück Unabhängigkeit, nicht ständig etwas los zu haben, denn ein beschauliches Leben wird oft identifiziert mit Altsein im absteigenden Sinne.

Vielleicht könnte man innere Beweglichkeit umschreiben mit einem Wort aus der Bibel, wo es von Maria heißt: »Und sie bewegte es in ihrem Herzen.« Es ist ein Nachdenken über das Leben, im engeren Sinn die eigene Biographie, im weiteren Sinn den Gang der Welt. Es gibt sogenannt stille Menschen, die sich dann und wann zu Wort melden mit einem Beitrag, bei dem man spürt, daß er wohldurchdacht und in »der eigenen Küche« gar geworden ist. Die Fähigkeit, sich zurückzuziehen, über Zusammenhänge nachzudenken und Ungereimtes in sich zu klären, verleiht vielen alten Menschen jene Klugheit, ja Abgeklärtheit, die wohltuend ist.

Passivsein kann bedeuten, in einem geschäftigen Alltag immer wieder Pausen einzuschalten, in denen man gar nichts tut, sitzt, nachdenkt, sich dessen vergewissert, was man tut oder tun will. Es kann aber auch um längere passive Perioden gehen, in denen man sich zurückzieht, um etwas innerlich zu klären, zu bereinigen – oder ganz einfach zu warten auf das, was sich innerlich vorbereitet. Das ist manchmal nicht leicht, besonders, wenn man ständig von »Aktivisten« gedrängt wird, dies und das zu unternehmen. Menschen, die geduldig warten können, bis etwas reif ist, leben eine Dimension des Lebens, die selten geworden ist.

Betagte, deren äußere Mobilität eingeschränkt ist durch Krankheiten und Leiden, überraschen oft durch ihre innere Erlebnisfähigkeit. Auf kleinstem Raum erfahren sie ständig Neues und Staunenswertes. Staunen ist eine junge Eigenschaft, aber es scheint mir, daß die Fähigkeit des Staunens außer bei kleineren Kindern hauptsächlich bei älteren Menschen festgestellt werden kann. Sie staunen über das Leben der Vögel vor ihren Fenstern, die Verwandlungen des Baumes im Garten im Laufe der Jahreszeiten. Sie sind jeden Tag neu entzückt über die Spiele ihres Kätzchens. Manche dieser Menschen sind sehr aufmerksame Radiohörer und Zeitungsleserinnen, und es freut sie, wenn sie noch imstande sind, einen Leserbrief zu schreiben. Wenn sie die Schatulle ihrer Lebenserinnerungen öffnen, sprudelt es heraus, als wäre alles erst gestern gewesen, so lebendig ist ihre Unterhaltung mit sich selbst geblieben.

Menschen, die, äußerlich gesehen, ein eher passives Leben führen, haben manchmal eine große Fähigkeit, andere Menschen auf ihrem Lebensweg gedanklich zu begleiten. Ein Brief, den man vielleicht vor einem Jahr schrieb, ist in ihrem Herzen aufbewahrt, und trifft man sich dann einmal, sind sie auf überraschende Weise präsent, erinnern sich an alles, fragen nach, sind mit ihrer Aufmerksamkeit ganz da. Die zuverlässigsten Ratschläge meines Lebens habe ich von alten Menschen bekommen.

Zu den stillen, inneren Lebensprozessen gehört auch das Bereinigen von alten Lebenskonflikten. Der Schwester, mit der man fünfzehn Jahre lang keinen Kontakt hatte, einen Brief schreiben. Sie schreibt freundlich zurück. Der Kontakt bleibt zwar distanziert, aber das Eis ist gebrochen. Jemandem im Stillen vergeben. Ablegen. Endlich ablegen! Anschließend hat man das Gefühl, innerlich gewachsen zu sein, auch wenn man schon über Achtzig ist! In hohem Alter will Edith Hess ihr Leben nochmals neu betrachten, auch die schmerzlichen, unverdauten Anteile, und zwar mit Fachhilfe von außen. Sie unterzieht sich einer Psychotherapie, schreibt über ihre Erlebnisse ein Tagebuch, und ihr Therapeut gibt dieses, zusammen mit seinen eigenen Notizen, heraus.

Es gibt Gruppen, wo Ältere unter fachlicher Leitung Biographie-Arbeit betreiben, einander ihr Leben erzählen. In Gruppen fällt es leichter, sich zu erinnern, weil die Erinnerungen von jemand anderem die eigene Vergangenheit wachrufen. Biographie-Arbeit kann zum Höhenweg werden, weil sie hilft, loszulassen und sich zu versöhnen mit dem eigenen Schicksal.

Wer älter wird und sich seiner eigenen Vergänglichkeit bewußt ist, beschäftigt sich oft häufiger mit religiösen Fragen. In der Bibel lesen. Wieder mehr an kirchlichen Veranstaltungen teilnehmen, wieder einmal beten. Den Kanon der Glaubensgewißheiten, in jungen Jahren vielleicht als »antiquiert« abgetan, neu befragen. Suchen nach dem, was bleibt, Bestand hat, durch meine eigenen Lebenserfahrungen auch bestätigt wird. Manche und mancher hat sein Leben hindurch immer wieder versucht, sein Lebensschiff selbst zu steuern, oft mit Erfolg. Aber immer bleibt Ungewisses, Unberechenbares. Mir sind im Laufe des Lebens viele Theorien über die Entwicklung des Menschen und der menschlichen Gesellschaft, an die ich einmal glaubte, fragwürdig geworden. Was bleibt? Vielleicht ist es nur die Tatsache, daß ich innerhalb der Kirche Menschen finde, die ebenfalls am Suchen sind, nicht aufgehört haben, zu fragen – und denen das Geschick der Menschheit nicht gleichgültig ist, sondern die bereit sind, ihr kleines Scherflein zum Weltfrieden und Wohlergehen der Menschen beizutragen. In unserer pluralistischen Welt kann der interreligiöse Dialog auch neue Erfahrungswelten aufschließen, und wir knüpfen Kontakte zu Menschen, an denen wir bisher achtlos vorbeigegangen sind.

In einem Fernsehdialog zwischen Senioren und Gymnasiasten sagte eine alte Frau, sie könne nur noch wenig tun. Aber sie schließe die Jungen, die es ihres Erachtens heute nicht leicht hätten, in ihre Gebete mit ein. In der Schlußauswertung wurde diese Aussage von den Gymnasiasten als die für sie wertvollste bezeichnet, eine Stellungnahme, die uns Organisatoren überrascht hat. Ich bin überzeugt, daß die Sehnsucht von jungen Menschen, gehalten und geliebt zu sein von der Generation, die ihnen vorangegangen ist, nach wie vor da ist.

V. ABSCHIED NEHMEN – UND TROTZDEM WEITERLEBEN

1. Allmähliche Entfremdung

Allmählich stellen wir fest, daß wir nicht mehr so »mitmachen« können wie früher. Gewiß, wir sind müder geworden und haben aufgrund der gelebten Jahre auch ein »Recht« dazu. Aber es ist nicht nur das: die »Welt« lockt uns nicht mehr so, wir haben gelegentlich das Gefühl, wir hätten sie nun gesehen.

Beginnende »Gleichgültigkeit« der Welt gegenüber kann ein Zeichen sein für eine Weggabelung auf meinem Lebensweg. Es kann sein, daß ich mich langsam auf eine neue Wirklichkeit hin entferne, meine Bedürfnisse und letzten Aufgaben definieren sich nun vom Ende her. Ich weiß, daß meine Zeit auf Erden bemessen ist, der Abschied sich ankündigt.

Kennzeichnend für die Phase des allmählichen Rückzuges ist die Ambivalenz.

Allmählich haben wir zwar genug von der Welt, sind ihrer überdrüssig, aber dann überkommt uns wieder die Neugier aufs Leben, wir wollen unbedingt dabeisein, unbedingt dies und das noch erleben. Und dieser Drang ist so stark, daß wir physisch und geistig vorübergehend oft zu erstaunlichen Leistungen imstande sind, um nachher meistens in eine tiefe Erschöpfung zu fallen. Dieses Pendeln zwischen Aktivität und dem Bedürfnis nach Ruhe begleitet uns oft bis zum letzten Atemzug. »Das Leben ist ein Labyrinth zahlloser, einander widersprechender Werte«, sagt Norberto Bobbio in seinem Altersbuch, das heißt, einfach ausgedrückt: »Heute will ich sterben, morgen aber leben – und nur das.«

Niemand hat es schöner ausgedrückt als der Alterskünstler Theodor Fontane:

Ja, das möcht ich noch erleben
Eigentlich ist mir alles gleich,
der eine wird arm, der andere wird reich,
aber mit Bismarck – was wird das noch geben?
Das mit Bismarck, das möcht ich noch erleben.
Eigentlich ist alles so so,
heute traurig, morgen froh,
Frühling, Sommer, Herbst und Winter,
ach, es ist nicht viel dahinter.
Aber mein Enkel, soviel ist richtig,
wird mit nächstem vorschulpflichtig,
und in etwa vierzehn Tagen
wird er eine Mappe tragen,

Löschblätter will ich ins Heft ihm kleben –
ja, das möcht ich noch erleben.
Eigentlich ist alles nichts,
heute hält's und morgen bricht's,
hin stirbt alles, ganz geringe
wird der Wert der ird'schen Dinge;
doch wie tief herabgestimmt
auch das Wünschen Abschied nimmt,
immer klingt es noch daneben:
Ja, das möcht ich noch erleben.

Es gehört zu diesem Lebensabschnitt, daß wir uns hie und da fragen: »Was soll's?«

»In der Jugend ist die Welt unendlich reich an Bedeutungen und Verheißungen, das geringste Ereignis ruft unzählige Schwingungen hervor. Später bleiben solche Schwingungen aus«, sagt Simone de Beauvoir.

So kann es sein, daß sich keine richtige Freude auf die diesjährige Weihnachtszeit einstellt und man sich nicht darauf vorbereiten mag. Aber dann plötzlich, an einem Adventsmorgen, kommt der »Aufschwung«, man geht in die Küche, bereitet die von der ganzen Familie so heiß geliebten Engeli aus dem köstlichen Mailänderliteig zu und fährt dann zu allen Lieben wie eh und je, um sie zu verteilen. Die Müdigkeit überfällt einen erst nachher.

Ein altes Ehepaar hat den Winter über tapfer am Vorsatz festgehalten, den Gemüsegarten im Frühjahr nicht mehr anzupflanzen. Die Kinder haben dringend dazu geraten.

Aber im Frühjahr können sie es doch nicht lassen. Statt Rasen gibt's wenigstens noch ein Kartoffeläckerli. Sie sind es sich einfach schuldig. Der Enkel muß die Erde umgraben. Die Kartoffeln legt der alte Mann kniend in die Furche, er kann sich nicht mehr bücken. Wenn man ihm zusieht, wie lange er braucht, bis er sich vom Boden wieder erhoben hat, die Schmerzen, die er dabei hat, so wird einem klar: nur ein ganz tiefer Lebenswunsch kann ihn dazu zwingen, diese Strapazen auf sich zu nehmen.

Der allmähliche Abschied vom »In-der-Welt-Sein« erfüllt uns mit Wehmut und Trauer. Septemberlicht des Lebens, dann der Feuerball der Farben im Oktober, schließlich die milchige, melancholische Stimmung im November und der sanfte, alles bedeckende Schnee im Dezember. Lieber wäre man ja noch im Sommer geblieben, äugt wehmütig nach den immer noch im Schrank hängenden bunten Sommerkleidern mit dem großen Ausschnitt, betrachtet sich auf Fotos, die vor zwanzig und dreißig Jahren aufgenommen wurden.

Aber gleichzeitig nehme ich wahr, daß meine Haftung auf der Erde sich lockert. Das Erdenleben wird einem gleichgültiger: alles ist ein Déjà-vu. Religiöse Menschen entscheiden sich, das Leben weiterzuführen, als wäre es schon im Jenseits: Sie sammeln sich im Gebet und lockern die weltlichen Bindungen. Bobbio schreibt:

»Die Weltverachtung ist der natürliche Übergang für den Aufstieg zu Gott. Dagegen ist der Tod für den, der des Lebens überdrüssig ist und sehnlichst wünscht, sich aufzulösen, die begehrte Ruhe nach der ungeheuren und gleichzeitig nutzlosen Mühe des Lebens.«

Es läßt sich nicht leugnen: Mit zunehmendem Alter erkennen wir, daß »alles menschliche Tun vergeblich« ist.

Wenn wir uns nach dem Zweiten Weltkrieg mit vermeintlich ganz neuen Erkenntnissen und großen Hoffnungen auf die Veränderbarkeit der Welt in der Friedensarbeit engagiert haben, so müssen wir heute feststellen, daß die Welt voller Kriegsgeschrei ist und die Schlachten grausamer sind als alles, was man sich vorstellen konnte. Und im persönlichen Bereich geht es ähnlich: nach allen Therapie-Erfolgen und psychologischen Erkenntnissen, die man sich im Laufe des Lebens zu Gemüte geführt hat, muß man im Alter Martin Luther recht geben, der da gesagt hat: »Man muß den alten Adam täglich ersäufen, denn das Luder kann schwimmen.« Viele alte Menschen reagieren auf diese entmutigenden Feststellungen mit dem sprichwörtlichen Altershumor, der um die Begrenztheit des Menschen und seine Selbstüberschätzung weiß.

Oft aber sind die letzten Jahre des Lebens von Schatten der Depression verhüllt. Diese hängen meistens mit Schicksalsschlägen, Zäsuren zusammen, die nicht verarbeitet sind, Konflikten, die nicht geklärt sind. Nach meiner Meinung gehören zu einem vollen, nicht oberflächlich gelebten Leben depressive Anflüge, aber ich möchte angesichts der stark zunehmenden schweren und langanhaltenden Altersdepressionen wünschen, daß diese Leiden, die nicht zuletzt auch ein Ergebnis der Lebensweise unserer Zeit sind (dazu mehr im Nachwort), ernstgenommen und behandelt werden. Dazu gehört vorerst einmal, daß nicht, wie es gegenwärtig im Gesundheitswesen der Fall ist, Altersdepressionen als »natürliche« Folge des allgemeinen Zerfalls erklärt und deshalb die medizinischen und therapeutischen Leistungen auf diesem Gebiet rationiert werden. Es ist auch ein Unsinn zu behaupten, alte Menschen seien nicht therapiefähig.

Anhaltende Altersdepressionen sind ein schweres Leiden, das medikamentös und psychotherapeutisch behandelt werden kann.

Aus der Geriatrie werden bedeutende Fortschritte gemeldet bei Patienten, die scheinbar hoffnungslos apathisch geworden waren, die aber, als man ihr Leiden ansprach, ernstnahm und fachmännisch damit umging, bedeutende Lebenserleichterungen erfuhren. (Es gibt bereits Kliniken, wie zum Beispiel die Psychiatrische Klinik Münsterlingen, die spezielle Abteilungen haben für die Behandlung von Altersdepression.) Unterbleibt eine Behandlung, führt dies oft zu somatischen Störungen und Hospitalisierungen. Depressive brauchen Zuwendung und Ermutigung. Zum Ernstnehmen gehört aber auch, daß man gefordert wird. Der Depressive benötigt fachärztliche Hilfe, wenn traumatische Ereignisse unverdaut in ihm kreisen, wie eine schnöde und ungerechte Entlassung, der Verlust des sozialen Status oder der Tod eines nahen Menschen. Eine Psychotherapie kann ihm helfen, das, was ihm den Schlaf raubt, aussprechbar und bewältigbar zu machen.

Heute gibt es Tageskliniken, die vor Angst total blockierten älteren Menschen helfen, wieder aus dem Haus zu gehen, sich im öffentlichen Verkehr zu bewegen, wieder selbst zu kochen. Die Patienten werden in all diesen Schritten therapeutisch begleitet. Man muß das Leuchten in den Augen einer solchen Patientin gesehen haben, die nach monatelanger ambulanter Behandlung sagt: »Ich bin ein anderer Mensch geworden! Nun erwache ich am Morgen wieder gerne!«

In der Entwicklungspsychologie werden die Ambivalenzen der Altersphase umschrieben mit »Lebensüberdruß gegen Integration«, das heißt die Sehnsucht, alles hinter sich zu lassen, wechselt ab mit erneutem Lebenswillen und der Bemühung, sich zu integrieren in den Lebensalltag und das, was in der Umwelt passiert.

Lebensekel kann sich etwa darin äußern, daß man die Nachrichten nicht mehr hören, die Zeitung nicht mehr lesen mag, genug hat auch vom familiären Bereich, wo man ständig an die gleichen Grenzen stößt.

Menschen, die sich nicht mehr aus ihrer negativen Wahrnehmung lösen können, übertragen ihre Gefühle auf ihre Umgebung. Sie werden zum Problem für Angehörige, Altersinstitutionen und Behörden. Sie nehmen nur noch Unerfreuliches wahr, die Außenwelt wird zum Feind. (»Warum dreht sich der Mann da vorn so komisch nach mir um – passe ich ihm etwa nicht?« »Die Kassiererin bedient mich immer langsamer und unfreundlicher als andere, das sehe ich genau!«) Man geht nicht mehr aus, rasiert sich nicht mehr, vernachlässigt das Äußere. Wenn man trotzdem nochmals auf die Straße muß, riskiert man, daß Menschen aufs andere Trottoir wechseln. Schließlich wird man unfreundlich angerempelt, geht fortan nur noch mit dem Schirm aus, den man als Waffe zu gebrauchen gedenkt ... Im Wutanfall wird der Fernsehapparat zertrümmert, in der Wohnung häufen sich die Abfallberge.

Es braucht nicht gar so schlimm zu kommen. Es kann sein, daß man die Verachtung für die Jungen und Anderen (im Grunde ist es der Schmerz, daß man nicht mehr dazugehört, nicht mehr beachtet wird) damit kompensiert, daß man die Selbstgerechtigkeit auf die Spitze treibt. Die Wohnung und das eigene Outfit sind stets peinlich exakt gepflegt, nie überquert man die Straße neben dem Fußgängerstreifen und drängelt sich unter Wartenden nie nach vorn, trotzdem aber scheinen die anderen auf Distanz zu gehen, weil sie sich stets beobachtet und kritisiert fühlten. Diese Rückzüge sind mit Todessehnsucht verbunden, aber meist ist der Wunsch, zu sterben, vorübergehend. Er wird immer wieder abgelöst durch einen neuen Schritt der Integration in die Umwelt.

Jüngere Menschen sind häufig überrascht, wenn sie beobachten, daß alte Menschen, welche man schon endgültig auf dem »Abstieg« glaubte, wieder »auftauchen«, zum Beispiel nach schweren Operationen wieder ohne Stock gehen oder nach dem Eintritt ins Altersheim, der Alltagspflichten ledig, wieder sehr unternehmungslustig werden, am Computer ihre Autobiographie schreiben, an Veranstaltungen teilnehmen, Feste organisieren und bei Feiern anderer dabei sind. (Es ist sehr wichtig, bei Anlässen dieser Art gerade jene Menschen mit einzuladen, denen man eigentlich diese Anstrengung nicht mehr zutraut. Es ist bevormundend, selbst zu entscheiden, daß die lange Reise etc. nicht mehr zumutbar sei, man erlebt »blaue Wunder« angesichts der Anstrengungen, die greise Menschen noch auf sich nehmen, um nochmals im Kreise jener zu sein, zu denen sie sich zugehörig fühlen.) Zu meinen persönlichen Altersvorbildern gehören Menschen, die zwar Altersdepressionen und das Verzweifeln an der Welt kennen – aber trotzdem in einer Art innerer Demut, die vielleicht der Kern der Altersweisheit, des Menschseins überhaupt ist, wie Sisyphus den Stein nochmals auf den Berg rollen, obwohl sie wissen, daß er wieder herunterkommen wird.

Der Schriftsteller Wolfgang Hildesheimer hat sich früh von den breiten Bahnen des Ruhms und dem gesellschaftlichen Betrieb zurückgezogen. Als deutscher Jude schon 1933 nach England emigriert, wurde er zunächst Grafiker und Maler. Von 1947 bis 1949 arbeitete er als Simultanübersetzer am Nürnberger Kriegsverbrecherprozeß. Dieser Blick in die Abgründe menschlichen Lebens wurde ihm zu einer so tiefschürfenden Erfahrung, daß er sich weigerte, darüber zu reden. Später lebte er als Autor in München, wurde rasch bekannt, zog sich aber dann überraschend in das abgelegene, schwer zugängliche Tal von Poschiavo zurück, wo er noch mehr als drei Jahrzehnte lebte. In dem ländlichen Bergdorf schrieb er nicht nur wichtige Werke, sondern nahm aus der Ferne auch weiterhin Anteil am Schaffen von Schriftstellerkollegen, wurde zur gesuchten Stimme unter Philosophen und Politikern. 1983 teilte er in den »Mitteilungen an Max« seinem Freund Max Frisch mit, daß er nicht mehr schreiben werde. Die Sprache war ihm suspekt geworden, es gab für ihn nichts mehr zu sagen.

Wenn ein Schriftsteller zum Schluß kommt, daß die Sprache nicht mehr trägt, nichts mehr gesagt werden kann, ist das gewissermaßen das Ende. Hildesheimer, der im Laufe seines Lebens für so viele Künstlerfreunde und Leser eine Hoffnung war, gelang es, sich nochmals in die Welt zu integrieren.

Indem er zur bildenden Kunst zurückkehrte, Collagen in leuchtenden, warmen Farben schuf, umarmte er die Erde von neuem und entschloß sich, wie er sagte, »Schönheit zu schaffen am Ende eines furchtbaren Jahrhunderts der Zerstörung«. Für seine Collagen verwendete er Reproduktionen von Meisterwerken vergangener Jahrhunderte, schnitt sie in Stücke und fügte sie zu neuen, zeitgemäßen Kunstwerken zusammen. Es war eine Lebenssynthese. Das Leben ist nicht nur furchtbar, sondern auch schön. Aus der Depression aufgetaucht, schuf er »Schönheit, wie wir sie wohl alle im Traum oder in der Erinnerung oder in der Einbildungskraft erfahren, aber auch Schönheit, die vergangenes Bangen, alte Ängste und Alpträume zu positiver Erfahrung, wenn nicht gar zu rauschhaftem Erleben aller Vergänglichkeit verklärt«.

Neben den Zeiten der Hoffnungslosigkeit, den Augenblicken der Verzweiflung ist also bis zuletzt ein Neuentflammen dessen, was das Leben zum Leuchten bringt, möglich.

2. Fragilität

Es kann offensichtlich Lust machen, den Körper zu fordern, ihn bis hin zu Triathlon-Triumphen zu treiben, acht Stunden rennen, schwimmen, radfahren und am Schluß noch fast zweitausend Meter zu Fuß hinauf aufs Schilthorn – und dies alles am heißesten Tag des Jahres! Es sind Tausende, die jedes Jahr dieses Abenteuer suchen, den Sieg ihres Willens, ihrer Energie über den Körper feiern, ihn trainieren und bis zur totalen Erschöpfung bezwingen. Es ist auch ein Triumph des Jungseins par excellence.

Aber im Alter geht es umgekehrt. Nun zwingt uns der Körper seine Bedingungen auf, zeigt uns seine Grenzen. Es hilft nichts, ihn forcieren zu wollen: Wir müssen kapitulieren. Wir müssen lernen, Geduld zu haben mit unseren Gliedern und Organen. Vielleicht haben wir uns früher gar nicht um unseren Organismus gekümmert, waren es gewohnt, daß uns der Körper gehorcht. Starrköpfige Alte wollen auch jetzt nicht aufgeben, proben den Aufstand gegen das Alter, fahren zähneknirschend unerschütterlich Tag für Tag mit der gewohnten Arbeit fort. Aber schließlich ist dieser mühselige Versuch irgendwann ja doch zum Scheitern verurteilt.

Es ist für viele eine neue Erfahrung, auf den Körper »hören« zu müssen, Grenzen zu akzeptieren.

Wir ermüden schneller, müssen häufiger Pausen einschalten. Am Abend schlafen wir mit dem Buch in der Hand oder vor dem Fernseher ein, auch im Konzert und Theater kann uns das passieren. »Mit mir ist einfach nichts mehr los«, ärgern wir uns dann, aber es hilft nichts. Neuerdings muß ich, wenn ich einige Stunden am Manuskript gearbeitet habe, die Arbeit weglegen, weil meine Augen schmerzen. Zuerst bekam ich Angst und lief zum Augenarzt, befürchtete einen hohen Augendruck. Als er mir versicherte, daß meine Augen gesund seien und ich auch keine neue Brille benötige, war ich nur halb zufrieden und verlangte, daß mir der Arzt etwas gegen die Augenschmerzen verschreibe. Daß die Augen mit dem Älterwerden schneller müde werden und dagegen kein Kraut gewachsen ist, kann ich schwer akzeptieren, denn ich habe doch noch so viel vor! Beim Wandern mit meinem Mann bleibe ich jetzt häufig auf halber Strecke zurück, setze mich mit einem Buch auf eine Aussichtsterrasse oder ein Wiesenbord, schaue ihm zu, wie er am Berghang höher und höher steigt. Wie gerne würde ich das auch noch erleben!

So fit wir im allgemeinen noch sind: etwas plagt fast jeden! Der Rücken, die Knie, das Herz, die Blase, das Gehör, die Augen. Das alles bedingt, daß wir häufiger beim Arzt und in Therapien sind. Die vielen Stunden, die wir in Wartezimmern, Labors, Therapiestationen verbringen, belasten, besonders natürlich, wenn der Erfolg auf sich warten läßt. Spitäler, Heilkliniken, Wartezimmer verstärken den Eindruck, daß wir krank und nichts als krank sind. Erst nach und nach lernen wir, zusammen mit verständigem, gut geschultem medizinischen Personal, daß wir selbst etwas für unsere Gesundheit tun und aktiv an der Milderung unserer Gebrechen mitarbeiten können. Wir finden heraus, was uns gut tut, uns das Leben leichter macht. Erfolge machen Spaß! Und wo Verbesserungen nicht mehr möglich sind, lernt man, sich mit den Einschränkungen zu arrangieren.

Eine Freundin kämpft nicht länger erfolglos gegen ihre Schlaflosigkeit an. Da sie eine Leseratte ist und Bücher geradezu verschlingt, kaufte sie sich ein sehr funktionales und schickes Plexiglasgestell für das bequeme Lesen im Bett, dazu eine gute Lampe. Und jetzt holt sie sich eben jede Woche ihre drei Bücher aus der Bibliothek. Ihre Lektüre ergibt auch Gesprächsstoff unter ihren Freunden. Und daß man im Alter mit ganz wenig Schlaf auskommt, ist ihr schon lange klar.

Jemand geht ins Feldenkrais-Turnen und stellt fest, daß er seinen Körper bisher überhaupt nicht wahrgenommen hat, macht ganz neue Entdeckungen, fühlt sich viel weniger hilflos.

Viele ältere Menschen leben mit chronischen Schmerzen. Schmerzen beeinträchtigen die Lebensqualität erheblich. Seit einigen Jahren wird in der Medizin die Schmerzbehandlung ernster genommen, es ist aber immer noch nötig, daß Patienten unerbittlich auf ihre Schmerzen hinweisen und fordern, daß alles getan wird, um sie zu mildern.

Der alte Mensch tut nur einen kleinen Fehltritt, stürzt und erlebt unter Umständen, daß sein Leben eine radikale Wende nimmt, er kann nicht mehr Treppensteigen, ein Wohnungswechsel wird nötig, vielleicht sogar ein Heimeintritt. Nur nicht stürzen! Dieses Stoßgebet senden täglich unzählige alte Menschen gen Himmel. Man stürzt nicht nur draußen, sondern noch häufiger bei sich zu Hause, in den »sicheren« eigenen vier Wänden. Nach Stürzen besteht die große Gefahr, daß man aus Angst vor weiteren Stürzen übervorsichtig wird. Man geht kaum mehr aus oder hält sich überall fest, so daß man bald nicht mehr ohne Geländer gehen kann. Verwandte raten vor riskanten Situationen ab, und so wird aus Angst der Horizont des selbständigen Lebens immer kleiner.

Eine noch sehr rüstige alte Dame zieht sich gerne in ihr Ferienhaus in den Bergen zurück. Als sie einmal vor dem Haus umgefallen ist, hat es ihr zwar nicht geschadet, aber sofort horchten die besorgten Söhne und Töchter auf: Kann man es noch verantworten, daß die alte Mutter sich allein dort aufhält?

Inzwischen widmet die Altersmedizin der Prophylaxe und Behandlung von Stürzen größte Aufmerksamkeit. Medizinisches Fachpersonal kommt sogar ins Haus, um neuralgische Punkte in der Wohnung, die Stürze provozieren könnten, zu beseitigen. In Altersgymnastikkursen kann man lernen, nach einem Sturz selbständig wieder aufzustehen.

Aber die Sturzerfahrung bleibt exemplarisch für das Erlebnis eigener Fragilität und Hilflosigkeit, besonders, wenn man sich hernach nicht mehr selbst aufrichten kann. Später kann die Angst vor Stürzen fast ebenso gravierend sein wie der Sturz selbst.

Es ist wichtig, daß ich meine Konstitution akzeptiere, aber zugleich herausfinde, wo ich noch Verbesserungen erreichen kann.

Die Erfahrung körperlicher Grenzen verändert das Lebensgefühl. Menschen, die »immer gesund sind«, haben sicher Glück, aber es fehlt ihnen die Erfahrung der eigenen Verletzlichkeit, die mit dem Bewußtsein der Vergänglichkeit Hand in Hand geht. Wir sind fragil, wie es auch die Welt als Ganzes ist. Ich bin kein weißer Plastikstuhl, von denen zur Zeit Milliarden über den ganzen Erdball verstreut sind, sozusagen unzerstörbar, ich bestehe aus natürlichen, organischen Stoffen, wie eine Kamille (oder eine Giftwurzel, eine Rose), ich wachse, blühe und verwelke, gehe wieder ins Erdreich ein. Angesichts unserer Einmauerung in scheinbar »ewig dauerhaften« Materialien wie Plastik, Beton etc. kommt auch der Mensch auf die Idee, sich einfrieren zu lassen und irgendwann später das Leben fortzusetzen, den Tod mit technischen Erfindungen zu besiegen, aus der Natur gänzlich auszutreten.

Für mich sind Krankheit und Gebrechlichkeit immer auch die Botschaft, daß wir endlich sind und unsere Lebenszeit begrenzt ist. Krankheitserleben und Hinfälligkeit kann den Menschen verändern, ihm neue Dimensionen eröffnen.

Wer einmal eine Bein- oder Fußverletzung hatte, im Gips ist oder am Stock geht, dem fällt plötzlich auf, wie viele Gehbehinderte unterwegs sind (was er vorher gar nicht bemerkt hat), wie sie sich behelfen, wie die gesunde Umwelt darauf reagiert, rücksichtsvoll oder ignorant. Wer von Krankheiten erschöpft ist, wird sensibel für die vielen Ermüdeten, auch unter der sogenannt gesunden, werktätigen Bevölkerung, und es ist kein Zufall, wenn festgestellt wird, daß es oft Alte und selbst Gebrechliche sind, die zuerst hineilen, wenn jemand auf der Straße zusammenbricht.

Der Schriftsteller Peter Bichsel meint in einer seiner Kolumnen, in der er den seligen Krankheitstagen in seiner Kindheit nachträumt: »Jedenfalls beneide ich den nicht, der sein ganzes Leben nie krank gewesen ist, ich fürchte, er hat sein ganzes Leben der Gesundheit geopfert.« Dieser köstliche Ausspruch zeigt die Kehrseite der Dauer-Fitneß, weist denen, die Leiden und Schmerzen erfahren, einen besonderen Erfahrungswert zu: die condition humaine.

Nachdem ich mich immer einer beneidenswerten Gesundheit erfreut hatte, mußte ich vor einigen Jahren einen Tumor entfernen lassen. Diese Operation ließ mich nicht nur mit einigen Einschränkungen zurück, sondern das Krankheitserlebnis an sich hat mich verändert. Nachdem der Arzt bei der Betrachtung des Röntgenbildes wortkarg festgestellt hatte: »Das wünscht man niemandem«, wußte ich, daß ich mich auf alles einstellen mußte. Und das wollte ich auch. Auf

Vorschlag meines Mannes besuchten wir vor dem Eintritt ins Krankenhaus die Kathedrale von Chartres, die ich noch nie gesehen hatte. Das riesige Labyrinth auf ihrem Fußboden stammt noch aus heidnischer Zeit, in dessen Mitte fällt exakt zur Mittagsstunde einmal im Jahr aus einer Öffnung im Turm ein Lichtstrahl. Die Fenster der Kathedrale stammen aus dem Mittelalter und erzählen die biblische Geschichte. In diesem wunderbaren Raum wurde mein eigenes Leben ganz klein und nichtig, zugleich fühlte ich mich aufgehoben und wußte, daß nach meinem Tod etwas von mir bleibt. Dennoch ging ich mit einem starken Lebenswillen ins Krankenhaus, lackierte mir am Vortag der Operation die Zehennägel leuchtend rot, um gleichsam mir und dem Arzt ein Zeichen zu geben, daß ich wieder auszutreten wünschte.

Ich hatte Glück und überlebte. Ich verlor zwar rechts das Gehör, aber der Gesichtsnerv wurde nicht, wie befürchtet, zerschnitten, sondern war nur gelähmt. Dennoch war mein Aussehen, wenigstens für die nächsten Monate, verändert: Ich sah nicht »normal« aus und gehörte damit mit einem Schlag zu jener Gruppe von Menschen, mit denen man »anders« umgeht oder, deutlich gesagt: die man nicht mehr für voll nimmt. Das war ein einschneidendes Erlebnis. Zu erleben, wie einem Bekannte aus Verlegenheit aus dem Weg gehen, und zu erfahren, daß man beruflich trotz intakt gebliebener Fähigkeiten nicht mehr als risikolos eingestuft wird, ist nicht leicht.

Eine liebe Bekannte, die mich unvorbereitet in diesem Zustand traf und ungeschickt reagierte, schrieb mir später einen Brief und entschuldigte sich: Sie erlebe gerade eine Phase heftiger Angst vor dem Alter und hätte darum meinen Anblick einfach nicht ertragen. Ein Zeichen, wie sehr wir uns vor Krankheit und dem Altwerden fürchten.

Als ich nach dem Krankenhausaufenthalt wieder hinaus auf die Straße, eine belebte Kreuzung, trat, empfand ich das Leben draußen als Wahnsinn und die sorgfältige Pflege meiner versehrten Gesichtshälfte im Krankenhaus wie einen Schutz, den ich ungern verließ. In den kommenden Wochen malte ich immer wieder mein Gesicht, die intakt gebliebene und die behinderte Hälfte. Diese wurde zusehends farbiger, Tiere und Fabelwesen tauchten auf, Energien ballten sich zusammen. Blessuren seelischer Art, als Person früher erlitten, traten hervor. Verletzungen und Leiden hält man oft geheim, damit man für voll genommen wird. Man reißt sich zusammen, beißt die Zähne zusammen gibt sich gegen außen als starke, unangreifbare Person.

Die Operation hat diese Haltung erschüttert, mir ermöglicht, mich als Verletzte und Verletzbare zu outen. Da ich nun Gleichgewichtsschwankungen habe und wegen des Hörschadens nicht mehr alles verstehe, bin ich dankbar für Hilfe. Vor allem aber sind mir die »dunklen Seiten« meines Wesens, die durch das Malen meiner versehrten Gesichtshälfte ans Tageslicht traten, viel näher gekommen.

In einer Radiosendung mit dem Titel »Das Gesicht verloren« erzählte ich von meinen Erlebnissen. Das Echo war groß. Wenn man etwas Einschneidendes erlebt hat, ist es eine große Hilfe, wenn man davon erzählen kann. Darum sind auch Selbsthilfegruppen, etwa für Brustkrebsoperierte, zu empfehlen. Im Unterschied zu Arnold Schwarzeneggers Ich-siege-immer-Gesicht zeigt das Antlitz älterer und leidender Menschen, wie zerbrechlich das menschliche Leben ist. Sorge tragen und einander helfen wird zum Leitspruch der alten Tage.

Leiden und Schmerzen öffnen das Tor zur Tiefe. »Ich bin gewappnet, ich bin nicht hier, ich bin in der Tiefe, bin fern ... Ich glühe bei den Toten«, schreibt der schwerkranke Maler Paul Klee am Ende seines Lebens. Sein Leiden am Nationalsozialismus, die Existenzangst und der Ausbruch einer unheilbaren Krankheit führten zu einer Vergeistigung und Verdichtung seines Schaffens, die Strahlen seiner schöpferischen Werke verdichteten sich zu Glut und Feuer. Im letzten Lebensjahr gelangen ihm über tausend Arbeiten, die einen Höhepunkt in seinem Schaffen darstellen.

In meiner Arbeit mit Krebskranken habe ich erlebt, daß bei Schwerkranken, am Ende ihres Lebens, ungeahnte Aufbrüche stattfinden, die Patienten zu malen, zu schreiben, zu modellieren beginnen und sich mit einer Kraft ausdrücken können, die sie selbst früher nicht für möglich gehalten hätten.

3. Alltagsorientierte Beziehungen

Zwei weißhaarige Männer gehen auf ihrer gemächlichen Wanderung dem Fluß entlang. Ihre Wanderausrüstung ist alt und erprobt, sie spotten, daß die Jungen immer das Neueste haben müssen: »Bequem ist das nicht!«

Erprobt ist auch der Umgang der älteren Herren miteinander. Sie kennen das Tempo des anderen, seine Gewohnheiten, seine Denkfiguren. Im Restaurant weiß jeder im voraus, was der andere bestellen wird.

Dominanzstreben, Minderwertigkeitsgefühle, versteckte Konkurrenz haben einer versöhnlichen Gemeinsamkeit Platz gemacht. Die Schwächen des anderen kennt man wohl, man weiß um seine wunden Stellen, aber man hat Geduld und Nachsicht gelernt und nimmt den Altershumor zu Hilfe, von dem man nicht recht weiß, ist er ein Zeichen von Weisheit oder nur ein Zugeständnis an die zunehmende Abhängigkeit voneinander.

Frauen scheinen mir im Alter länger streitlustig, da wird manchmal stundenlang debattiert, wer schuld daran ist, daß man den falschen Weg gewählt – und daß man es schon immer gesagt hat, die Freundin solle dem Sohn von der Wahl dieser Partnerin abraten. Frauen bleiben eben länger vital …

Altersfreundschaften sind häufig gekennzeichnet von der Respektierung der Intimsphäre, der Familienangelegenheiten und der herausgebildeten Lebensgewohnheiten des anderen, einem souveränen Umgang eben mit Nähe und Distanz.

Das gilt auch für Liebesbeziehungen im höheren Alter. Man zieht es häufig vor, die eigene Wohnung zu behalten, aber trotz getrennten Logis in enger Verbundenheit zu leben.

Während früher in der Pflege der Beziehungen die Wesensart und die gemeinsamen Interessen zentral waren, treten im Alter andere Kriterien in den Vordergrund.

Die Gemeinsamkeit erlebter Jahre, das Geschwisterliche im Erleben der unvermeidlichen Alterseinschränkungen verbindet. Und das Verbindende wird immer wichtiger in den Jahren, in denen der Umkreis sich lockert, weil Bezungspersonen wegsterben – und die Welt sich immer schneller verändert. Öfters kann man hören: »Ich hab' diese Frau früher eigentlich nicht gemocht, aber heute zählt das alles nicht mehr, die gemeinsam erlebten Jahre, die Erinnerungen sind wichtiger geworden.«

Gesinnungsfreunde sind Gold wert, um so mehr, als sie rarer werden. Man kennt sich aus gemeinsamen Engagements.

Sei es, daß es um den Schutz von Landschaften und Ortsbildern, um soziale, politische oder kirchliche Anliegen geht: immer wieder trifft man sich bei einschlägigen Veranstaltungen, fühlt sich bestärkt dadurch, daß der/die andere auch da ist, vielleicht ist man sogar hauptsächlich deswegen gekommen, um andere zu treffen, sie durch die eigene Abwesenheit nicht zu enttäuschen. Man hat sich vielleicht mühsam aufgerafft, das Wetter ist schlecht – und außerdem: »Es ist immer dasselbe: Stets zuwenig Geld, zuwenig aktive Mitglieder, und dann die politischen Rückschläge – ich bin langsam zu alt und kenne sowieso immer weniger Leute!« Und dann ist die andere/der andere auch da, und es tut gut, die Gefährtenschaft zu spüren, die neuen Mut macht.

Wer merkt, daß seine freundschaftlichen Beziehungen zu verkümmern drohen, weil sie immer nur »von Fall zu Fall« aktiviert werden, was viel zu anstrengend ist, weil der/die andere immer nicht kann, wenn man selbst frei wäre, kann bewußt ein Ritual aufbauen. Dazu gehört ein mutiges Eingeständnis des spezifischen Mankos. Seit Jahren herrscht zum Beispiel das Dilemma: Mit wem verbringe ich Silvester? Oder die Sommerferien etc. Wenn Bedürfnisse klar werden, ist es leichter möglich, dafür Partnerinnen und Partner zu finden. Die Ziele sollen begrenzt sein, sonst entsteht die Angst vor Vereinnahmung. Vielleicht wird ja später mehr daraus, aber das ergibt sich.

Rituale haben etwas Entlastendes, sie geben Struktur und Sicherheit.

Ohne großes Hin und Her pflegt man einen Jour fixe zum Kaffeekränzchen, hat monatlich einen Termin zum Wandern festgelegt, trifft sich regelmäßig zum Kartenspiel oder zum Besuch einer bestimmten Veranstaltung. Beliebt sind gemeinsame Ferien von zwei oder drei Paaren, um der Eintönigkeit der Zweierbeziehung Farbe zu verleihen, vielleicht teilt man sich dabei auf: Männer unter sich, Frauen unter sich. Man frischt Erinnerungen auf, singt die alten Lieder, trifft sich seit zwanzig Jahren zum Grillen am 1. August und muß nicht jedes Jahr neu überlegen, was man an diesem Tag unternehmen will. Drei Männer haben je ein Regio-Abo mit Gratiseintritt in die regionalen Museen, planen immer wieder neue Routen und erleben in der Erforschung dieses Nahbereichs viel, denn einer kennt sich in der Geschichte aus, der andere in der Geologie, der dritte in der Pflanzenwelt. Frauen bilden Literatur-Lesegruppen, schreiben gemeinsam Gefangenen-Briefe für Amnesty International, machen lange Fahrten zu zweit, genießen es, ohne Einmischung von Männern selbst entscheiden zu können. Zu erzählen gibt es mehr als genug, man kennt sich seit der Töchterschule, der Hauptinhalt sind Beziehungsgeschichten, besonders interessant, weil die Freundinnen gegenseitig ein Leben lang Anteil genommen haben am Familien- und

Freundeskreis der anderen. Die Zeit von Zürich bis Samaden verrinnt, ehe man sich's versieht.

Rituale können zum Zwang werden, wenn die Bedürfnisse sich ändern, die Freundschaftsgefühle ausgeleiert sind, man sich nur noch des Rituals wegen trifft.

Es braucht Selbstprüfung und Mut, aus einem Ritual auszubrechen, zum Beispiel weil man die ewigen Militärgeschichten nicht mehr hören, die versteinerten Zwangsrituale der Familie nicht mehr ertragen kann. Oft bringt solch ein Ausbruch einen frühlingsfrischen Neuanfang anderswo – und verändert auch etwas in der Gruppe, die zurückbleibt.

Ein ganz wichtiges Element in Altersfreundschaften ist die gegenseitige praktische Hilfe.

Befreundete ältere Menschen leisten sich gegenseitig oft unschätzbare Dienste, besuchen einander im Krankenhaus, unternehmen nach einem Unfall den ersten gemeinsamen Ausgang. Telefonketten werden eingerichtet: ein kurzer Anruf jeden Tag zu verabredeten Zeiten, um zu wissen, ob die Alleinlebende wohlauf ist, manchmal sogar ohne Gespräch: dreimal läuten lassen und dreimal zurückfunken, und man hat sich gegenseitig vergewissert, daß alles o.k. ist. Unzählig sind die praktischen Hilfen: Einkäufe machen, Essen zubereiten, Ausfahren im Rollstuhl, einander mit Lektüre versorgen, Blumen gießen, Briefkasten leeren bei Ferienabwesenheit etc.

Gegenseitige praktische Hilfe ist auch eine Kernfunktion der alternden Ehe. Einander stützen beim Gehen, den Rücken massieren, den Fuß einbinden, bei Krankheit für den anderen die Mittel in der Apotheke holen. Aber auch sich gegenseitig eine Freude bereiten, indem man selbst für den Haushalt sorgt, wenn der andere auf einem Klassentreffen, auf einem Ausflug ist. Den Bibelspruch: »Wo du hingehst, da will ich auch hingehen« abwandeln in ein befreiendes: »Wo du hingehst, muß ich nicht unbedingt auch hin.« Jeder kann haushalten! Die Frau muß nicht von jedem Ausflug frühzeitig nach Hause rennen, um für den Mann zu kochen! Er kann auch mal die Wäsche in die Maschine tun, wenn ihr Kurstag gerade auf den Waschtag fällt.

Ein starkes Band in der langjährigen Ehe sind zweifellos die Erinnerungen an gemeinsam erlebte Zeit: als die Kinder noch klein waren, als man, gerade verlobt, mit dem Deux-Cheveaux quer durch Amerika fuhr. Aber auch gemeinsam erlebtes Leiden verbindet: als das Kind starb, der Bruder verunglückte, der Mann die ersehnte Stelle nicht erhielt. Daran ist man gemeinsam gewachsen.

Das überträgt sich auch auf die gegenseitige Wahrnehmung im Körperlichen. Es gibt fast nichts Zärtlicheres als ein Blick auf die alt gewordenen Hände des geliebten Menschen und die Erinnerung daran wie es früher war: Was hat das Leben ihm abverlangt, was hat sie alles durchgestanden! Das Wissen um das Erlebte verbindet die der Tiefe.

4. Bitterer Rand und süßer Kern

»Mein Gedächtnis ist ein Sieb geworden: nichts bleibt mehr hängen!« Alte Menschen greifen sich an den Kopf und ärgern sich jeden Tag, daß sie so vergeßlich geworden sind. Namen sind entfallen, wir wissen nicht mehr, was wir am letzten Sonntag gemacht und welches Buch wir eben gelesen haben, und wenn wir der Freundin jenen Film mit dem irrsinnig guten Schauspieler empfehlen wollen, so wissen wir auch nicht mehr, wie er heißt ... Wir gehen ins andere Zimmer, um etwas zu holen, aber wenn wir dort sind, wissen wir nicht mehr, was.

Was uns so verzweifelt ärgert, ist in Wirklichkeit ein Schaden, der sich in Grenzen hält – und der sich durch Training auch verringern läßt. Das Kurzzeitgedächtnis hat nachgelassen: was in der letzten Zeit passiert ist, ist rasch vergessen. Oft dauert der »Blackout« nur Momente, gleich darauf fällt uns der Name, das Datum wieder ein und wir sind glücklich. Es gibt verschiedene Übungen, mit denen wir das Gedächtnis trainieren können, Denkhilfen, um uns zum Beispiel an Namen zu erinnern.

Immer wieder vergaß ich den Namen einer Bekannten, die ich oft auf der Straße traf, was mir unerhört peinlich war. Sie hieß Schober. Auf sehr charmante Weise rettete sie mich eines Tages aus meinen dauernden Verlegenheiten, indem sie mir zurief: »Sie müssen nur an ›Heuschober‹ denken.« Von da an klappte es.

Ich werde oft von ehemaligen Studierenden der Sozialarbeit angesprochen. Sie sagen mir ihre Namen, lachen mir ins Gesicht – aber in mir regt sich nichts, ich erkenne die Person beim besten Willen nicht wieder. Das ist ein trauriger Moment für beide Seiten. Aber wenn ich sie dann bitte, sie sollen mir etwas erzählen aus unserer gemeinsamen Zeit, dauert es meistens nicht lange, bis irgendein Stichwort meine Tür zur Erinnerung öffnet – und dann fällt bald auch mir eine ganze Menge ein zu der Person, die da vor mir steht!

Nur unser Kurzzeitgedächtnis ist löchrig geworden.

Das kurzzeitige Vergessen gehört zum »bitteren Rand« unserer Existenz im Alter, wo das Gegenwartserleben nicht mehr richtig haften bleibt. Aber darunter speichert unser Langzeitgedächtnis die Lebenserinnerungen, bewahrt sie auf, bis das richtige Stichwort sie abruft.

Und dann sprudelt die Quelle aus der köstlichen Schatztruhe all dessen, was wir erlebt haben, wobei besonders Erinnerungen und Gelerntes aus Kindertagen scharf in uns eingeprägt bleiben, Gedichte und Lieder aus der Schule etwa, Worte der Eltern, Erinnerungen an Landschaften, Schulausflüge, besondere Ereignisse. Je länger man gräbt, desto mehr wird man fündig, vor allem wenn man sich mit denen, welche dieselben Zeiten erlebt haben, austauscht und eine Erinnerung die andere weckt. Wir haben die Tendenz, unsere Erinnerungen zu vergolden, sie geben unserem Alter Süße. Das darf so sein, solange wir uns dessen bewußt sind.

Der fünfundachtzigjährige Philosoph Bobbio mißt den Erinnerungen einen ganz hohen Stellenwert bei. »Du bist das, was du erinnerst«, und er mahnt: »Geh deinen Weg in deinen Gedanken noch einmal. Die Erinnerungen werden dir helfen. Aber die Erinnerungen werden nicht auftauchen, wenn du nicht hingehst, sie in den entferntesten Winkeln deines Gedächtnisses aufzustöbern. Du mußt dich beeilen, dein Gedächtnis wird schwächer. Aber du weißt auch, daß das, was geblieben ist, oder was du aus jenem Brunnen ohne Boden hast hervorholen können, nur ein unendlich kleiner Teil deiner Lebensgeschichte ist. Bleib nicht stehen! Versäume es nicht weiterzugraben. Jedes Gesicht, jede Geste, jedes Wort, jeder noch so weit entfernte Gesang, die du wiederfindest, obwohl sie für immer verloren schienen, helfen dir, zu überleben.«

Nicht umsonst gibt es den Ausdruck: »In Erinnerungen ›schwelgen‹!« Aus Erinnerungen setzt sich schließlich das zusammen, woraus wir eine sinnhaltige Lebenserzählung entwickeln können.

Da die Erinnerungen zum Grundgehalt des hohen Alters zählen, ist es wichtig, daß wir schon früh damit beginnen, dem nachlassenden Gedächtnis eine Stütze zu geben, indem wir das, was wir erleben, in Dokumenten aufbewahren. Also Fotos nicht ungeordnet und unbeschriftet in Schuhschachteln horten, sondern geordnet mit Daten-, Orts- und Personenangaben versehen aufheben. (Wenn wir das Foto schießen, sind wir meist sicher, daß wir die darauf Abgebildeten »immer« erkennen werden, aber die Geschichte lehrt uns meist schon nach wenigen Jahren das Gegenteil!) Auch das spätere Wiederlesen von Reiseberichten, Tagebüchern und Briefen frischt unser Gedächtnis auf, und jedesmal, wenn dies möglich ist, fühlen wir uns in frühere Jahre zurückversetzt.

»Die Erinnerung ist das einzige Paradies, aus dem man nicht vertrieben werden kann« heißt es im Sprichwort.

Gemeinsames Singen der Lieder aus der Kindheit, die Wiederholung jener Dampfschiffahrt auf der ersten Schulreise kann beides bringen: ein Wiederaufleuchten dessen, was gewesen ist – oder die Erkenntnis, daß etwas, was die Erinnerung vergoldet hat, heute sehr viel nüchterner betrachtet werden muß.

Aber manche Leute sagen, daß sie keine Erinnerungen haben, oder keine haben wollen, weil die Vergangenheit ihres Lebens dunkel war. Eine Zeit, an die man ungern zurückdenkt. Im Dunkeln, Bitteren aber gibt es fast immer auch Süßes, es wird jedoch nicht entdeckt, solange das Dunkle nicht geklärt ist.

An meinem autobiographisch geprägten Buch »Das gefrorene Meer« habe ich vierzehn Jahre gearbeitet. Es entstanden immer wieder neue Entwürfe. Die Hauptfigur des Romans, das kleine Mädchen Lore, ist erst in der allerletzten Fassung in den Text gekommen: Ich hatte so lange gebraucht, bis ich Lore, die mir ähnelt, entdeckte, weil sie mir vorher stets als etwas verworren Dunkles, für einen Roman Uninteressantes vorgekommen war. Indem ich ihr endlich Stimme und Profil gab, konnte ich das Dunkle von ihr annehmen, und es gelang mir, das Mädchen zu lieben!

Ich glaube, daß in allen Freuden des Alters die Erinnerung an Vergangenes mitschwimmt, daß wir in allem Frohen und Glücklichen, das uns noch widerfährt, wiederholen, was wir früher erlebten. Vielleicht war es nur ein einziges Mal, daß uns der Vater mit wirklichem Stolz ansah, uns die Mutter echt nahe war, aber diese Augenblicke halten vor bis ins Alter. Goethes vollkommenes, fast zu schönes und doch wahres Gedicht gilt über allen Abschiedsschmerz und alle bitteren Ränder hinaus:

> Das ist in Wahrheit Kunst
> ist Gottes Gabe,
> aus ein paar sonnenhellen Tagen
> sich soviel Licht ins Herz zu tragen,
> daß, wenn der Sommer längst verweht,
> das Leuchten immer noch besteht.

Aber das letzte Wegstück des Lebens soll nicht nur der Vergangenheit gehören.

»Jeden Tag ein kleines ›Œuvre‹, das wünsche ich mir!« sagte kürzlich eine Achtzigjährige zu mir, die im Altersheim wohnt. Sie schreibt Briefe, Gedichte, arbeitet an ihrer Biographie, fertigt sehr originelle kleine Stoffpuppen an (vielleicht sind die pfiffigen kleinen Mädchen tausend Varianten von ihr, als sie ein Kind war) und verschenkt sie ihren Urenkeln.

Als ich vor einigen Jahren innerlich und äußerlich eine »flaue Zeit« hatte, wenig Spielraum sah, nahm ich mir vor, jeden Tag eine Einzelheit in meinem Tagesgeschehen genau zu betrachten und zu beschreiben. »Aufmerksam von Tag zu Tag« nannte ich diese Notizen, und sie offenbarten mir, was für ein Reichtum in einem Blick aus dem Fenster, ein paar Buchseiten, einem Telefonanruf oder einem Spaziergang im Viertel enthalten sein kann.

Mit der Wahrnehmung und Wertschätzung dessen, was jetzt gerade ist, trage ich dazu bei, daß der Rand meiner Existenz weniger schnell bröckelt und bitter wird.

Häufig sitzen alte Leute da, ohne etwas zu tun. Sie ruhen. Es ist ein Anblick des Friedens. Man weiß nicht recht, wo ihr Bewußtsein ist: da, wo sie jetzt sind, oder dort, wo sie irgendwann einmal waren. Für mich sind sie im Zwischenreich zwischen gestern und morgen. Das sind wir zwar alle, aber für die Jüngeren hat die Mitte, die Gegenwart, eine überragende Bedeutung. Für die ganz Alten wird sie immer unwichtiger.

Sitzen Sonne
da: eine bank in der sonne
die bank ist aus holz
das holz ist warm von der sonne:
sitzen
am vormittag sprühregen noch
sonne hat die nässe von der fahrbahn geleckt
autos jagen über wieder hellen belag:
sitzen
am hintern die sitzleistenwärme der bank
am rücken die rücklehnenwärme der bank
durch die sohlen die bodenwärme der bank:
sitzen

Kurt Marti

5. Vor dem Tod kommt das Leben – bis zuletzt

Im Mittelalter gehörten Totentänze zum Volksgut. Heute ist der Tod völlig tabuisiert.

»Wir leben ewig«, lauten die Slogans. »Wir sterben nicht. Wir schlafen nur.« »Wir kommen wieder«, wird behauptet. Somit haben die Alten als Künder und Mahner der Endlichkeit des Lebens ausgedient. Der Tod gerät aus dem Blickfeld, verschwindet aus dem Bewußtsein. Gestorben wird auf Intensivstationen. Tote sieht man im Fernsehen. Bei den eigenen Angehörigen ist man »zu sensibel«, um an den offenen Sarg zu treten. Im Krankenhaus Verstorbene werden wenige Stunden nach dem Hinscheiden weggeräumt. Professionelle Sterbehelfer halten dem, der das Leben läßt, die Hand hin, leisten ihm die letzten Dienste. Viele haben in ihrem ganzen Leben noch keinen toten Menschen gesehen.

Als ich ein Kind war, gehörte das Sterben zum Alltag des Dorfes. Die Toten wurden »ausgeschellt«, das heißt, der Weibel ging von Haus zu Haus, rief mit der Glocke die Leute ans Fenster und las die Personalien des Verschiedenen und Ort und Stunde seiner Bestattung herunter. Als wir noch klein waren und hörten, daß unsere Nachbarin im Sterben liege, gingen wir täglich neugierig nachschauen, was sich tue. Die alte Bäuerin lag, mit Wolltüchern zugedeckt, am Fenster ihrer Stube und schlief meistens. Wir wußten nicht genau, woran man es merkt, wenn ein Mensch tot ist. Wir kletterten auf ihre Brust und hielten unsere Händchen unter ihre Nase, um zu prüfen, ob sie noch atme. Die alte Frau war uns wohlgesinnt. Wenn es ihr zuviel wurde, wischte sie uns mit einer kräftigen Handbewegung vom Bett, und wir wußten, woran wir waren.

Es war Brauch, daß die Familien unseres Dorfes, wenn sie einen Toten zu beklagen hatten, am Tag des Begräbnisses den Sarg vor ihrem Haus aufbahrten und die Leute herzugingen, um durch das Fensterchen unterhalb des geöffneten Sargdeckels vom Verblichenen Abschied zu nehmen und ein stummes Gebet zu sprechen. Auch wir Kinder gingen zum Sarg und reihten uns hernach in den Trauerzug ein. Wir liefen hinter dem von Pferden gezogenen Leichenwagen mit den großen, knarrenden Rädern her, bis zur Kirche, wo die Pferde ganz von selbst stillstanden, der größere Teil der Leute sich zwischen den Gräbern auf die Kirche zu bewegte, einige der Männer aber unauffällig zurückblieben und nach dem Verstummen der Kirchenglocken ins Schloßrestaurant abbogen, dem Leben zuliebe.

Daß ein Begräbnis ein Fest von Tod und Leben zugleich ist, beweisen die Leichenmähler, wo sich Lebenslust und Lebensfreude oft unerwartet Bahn brechen.

In meiner Sozialarbeitspraxis ging ich mehr als einmal hinter dem Sarg eines einsam verstorbenen Menschen her, begleitet nur vom Pfarrer, dem Totengräber und vielleicht noch einer Person aus der Anstalt, in welcher der Verstorbene gelebt hatte. Der Verblichene war zwar im Leben gescheitert, kaum ein Blümchen war da für sein Grab, und doch: Die unantastbare Würde, die einen toten Menschen umgibt, war jedesmal gegenwärtig und bei denen, die ihn auf dem letzten Gang begleiteten, auch die Einsicht, daß das menschliche Leben unfaßbar ist, größer als das, was wir von ihm sehen können.

Der Tod weist über alles, was wir denken und beurteilen können, hinaus.

Deshalb waren für mich solche Abdankungen jedesmal ein Gang hinaus aus der professionellen Enge hinein in die Weite des Mysteriums Leben.

Dennoch habe ich lange überlegt, ob ich dieses Kapitel aus meinem Buch aussparen soll. Ohnehin spricht jeder, der vom Tod redet, über etwas, das er selbst nicht erlebt hat …

Es hat auch etwas mit Respekt zu tun, wenn wir über den Tod schweigen. Wenn ich trotzdem versuche, etwas über die letzte Lebenszeit und das Sterben zu sagen, so, weil alles Unausgesprochene in uns kreist und die Tendenz hat, einen bedrohlichen und unheimlichen Charakter anzunehmen. Vergegenwärtigt man sich jedoch das, wovor man sich fürchtet, erscheint es weniger bedrohlich.

Betagte erwähnen oft, daß sie sich nicht vor dem Ende des Lebens, sondern vor dem Sterben fürchten, das heißt vor der Zeit, die dem Tod vorausgeht.

Die großen Angstmacher sind: ein Lebensende im Alters- und Pflegeheim, der Rollstuhl, die Alzheimerkrankheit, das Sterben allein in der Wohnung, ohne daß jemand bei einem ist. Diese Schreckensbilder sind präsent, wann immer man sich bei Menschen erkundigt, was ihnen zum Stichwort »Alter« einfalle.

Aber wie schon erwähnt, ist es nur ein Fünftel aller über Achtzigjährigen, die ihr Leben in einem Alters- oder Pflegeheim abschließen. Ganz abgesehen davon: Daß Altersheimbewohner generell unglücklich sind, ist ein Märchen. Zwar tritt kaum jemand gerne in eine solche Institution ein, aber nach einigen Wochen oder Monaten sieht es für viele anders aus. »Gott sei Dank habe ich diesen Schritt gemacht, es geht mir bedeutend besser, meine Angst vor der Zukunft ist verschwunden, hier ist für alles gesorgt«, hört man noch und noch. Je besser man dran ist beim Heimeintritt, desto größer die Chance einer glücklichen Fortsetzung des Lebens. (Leider ist das gegenwärtig infolge der Sparpolitik nur noch Bessergestellten möglich, was ein großer Nachteil auch für die Leitung und das Personal von Altersheimen ist. Die Lebensqualität der Heimbewohner steigt mit der Anzahl der noch gesünderen, aktiven Senioren.)

Ein Ehepaar, Mitte Siebzig, noch ziemlich aktiv, siedelt zur großen Überraschung der Angehörigen ins Altersheim über, als dort ein Platz frei wird. Jene sind überzeugt, daß die beiden den überstürzten Schritt bald bereuen werden. Aber sie täuschen sich. Die alten Eheleute fühlen sich müder, als sie sich gegen außen anmerken ließen. Im Altersheim regenerieren sie sich schnell. Sie sind heilfroh, die Alltagssorgen des Haushalts abgegeben zu haben. Sie finden den Kontakt mit den anderen Heimbewohnern nicht nur, aber auch anregend, bald nehmen sie diese und jene Aufgabe im Heim wahr: lesen vor, organisieren Theaterabende, fahren Rollstuhlabhängige im Garten spazieren. In einem Gedicht der Frau heißt es: »Wo ist das ich ›sollte‹, ich ›müßte‹, geblieben? Nichts mehr ›sollen‹, nichts mehr ›müssen‹, Gewinn oder Verlust. Von beidem spüre ich etwas. Ich schau uns an, mich und die Altersgefährten: Alle im eigenen Boot zwar, in kleinen und in großen, doch alle getragen von demselben Strom, hinströmend zum gleichen Ziel, wo der Strom dem lebenden Auge entschwindet.« Nach dem Tod des Mannes bezieht die Witwe ein kleineres Zimmer. Nach über zehn Jahren ist das Heim inzwischen ihr wirkliches Zuhause, Tod und Leben haben sich darin abgespielt, sie erlebt das Alter als ein »Wir«, ist trotz nachlassendem Gedächtnis geistig noch sehr lebendig, hat den Umgang mit dem Computer erlernt und pflegt viele Kontakte außerhalb des Heims. Das Altersheim war für sie nochmals eine Horizonterweiterung, ein neuer Schritt ins Leben, in dem sich umzusehen ihre Neugier noch nicht verlernt hat.

Der Pfarrer, Schriftsteller und ehemalige Bürgermeister von Berlin, Heinrich Albertz, trat nach einem dramatischen politischen Leben mit dreiundsiebzig Jahren in ein Altersstift ein, ohne daß er gebrechlich gewesen wäre. In seinem Büchlein »Am Ende des Weges, Nachdenken über das Alter« beschreibt er, daß er ganz bewußt die Nähe anderer alter Menschen gesucht habe, und oft wiederholt er: »Ich bin gerne alt. Wer bewußt gelebt hat, wer wach war, wird es auch im Alter bleiben. Wer den Stürmen nicht auswich, wird die Stille genießen.« Die Kleinheit der Behausung nimmt er in Kauf. »Man kann zum Nachdenken umherwandern, von der kleinen Küche bis zum Eßraum, und wenn man will ins Schlafzimmer zu dem breiten Bett. Dem besten Ort für einen alten Mann. Ich liege und sehe die Kronen der Bäume.«

Seine Frau ist nicht mitgekommen, lebt weiterhin selbständig, ganz in der Nähe, besucht ihn morgens und abends vor dem Ins-Bett-Gehen, er hört ihre Schritte auf dem Korridor, die die Geschichte ihrer langen, guten Ehe erzählen. Die Enkel kommen vorbei. Dazwischen hört er den Mitpensionären zu, was sie alles erlebt, wie verschieden sie den Zweiten Weltkrieg erfahren haben, wie sie ihn heute interpretieren – nicht alle waren im Widerstand wie er. Das Zusammensein mit Menschen, die, wenn auch anders als er, das gleiche Stück Zeitgeschichte durchlebt haben, ist ihm ein Bedürfnis. Daneben engagiert er sich weiterhin nach außen, hält Predigten und Vorträge.

Die Ruhe und Entlastung im Altersheim gibt vielen älteren Menschen die Kraft, noch schöpferische Ziele zu verwirklichen.

Drei etwa gleichaltrige Kolleginnen, die einander aus der beruflichen Arbeit seit Jahrzehnten kennen, treten miteinander ins gleiche Altersheim ein, belegen beim Essen dort einen Tisch, müssen also nicht Angst davor haben, irgendwohin »plaziert« zu werden. Sie unternehmen noch manches miteinander, stehen einander auch bei – und trotzdem kann jede sich auch in ihr eigenes Zimmer zurückziehen. Sie sind froh, aller äußeren Sorgen enthoben zu sein.

Natürlich sind das jetzt ganz positive Beispiele. Sie sind nötig, weil unsere negativen Bilder von Altersinstitutionen so sehr überwiegen. Selbstverständlich treffen wir dort auch auf Bilder des Elends, die uns ans Herz greifen. Alte Menschen, die stumm herumsitzen und immerzu zu warten scheinen. Worauf warten sie? Wenn sie auf einen versprochenen Besuch warten, der dann auch wirklich eintrifft, hat ihr Warten einen Sinn. Wenn niemand mehr kommt, warte sie ins Leere hinein ...

Im Alters- und Pflegeheim treffen wir auch auf Menschen, die feindselig geworden sind, über das Pflegepersonal schimpfen, über die Angehörigen, die sie nie besuchen (obwohl sie vielleicht gerade gestern dagewesen sind, was sie aber schon vergessen haben ...). Wir treffen auf Menschen mit Verfolgungsvorstellungen, die sich dauernd bespitzelt, bestohlen fühlen. Und wir treffen auch hie und da auf Pflegepersonal, das kaltschnäuzig ist und in grober Weise mit Pflegebefohlenen umgeht. Das alles soll nicht verschwiegen werden. Aber es ist nicht die Regel. Betroffene und ihre Angehörigen können viel dazu beitragen, daß es nicht zu den erwähnten Elendszuständen kommt. Für das Pflegepersonal ist es zum Beispiel sehr motivierend, wenn sich Angehörige um ihre Kranken kümmern, sie hübsch zurechtmachen, mit ihnen ausfahren, den Pflegenden aus dem früheren Leben der jetzt Geschwächten erzählen – und auch Interesse an der Arbeit des Personals bekunden. Daß viele Heime infolge des Spardruckes heute fast nicht mehr auf menschliche Weise geführt werden können, müßte in politischen Initiativen bewußt gemacht werden. Es ist zu einfach, alle Probleme zu personalisieren und einfach der Heimleiterin X für alles die Schuld zu geben.

Wir alle haben Bilder von Menschen im Kopf, deren Leben in qualvoller Weise geendet hat, jahrelanges Siechtum in Pflegeheimen, Alzheimerkrankheit, Greise und Greisinnen, die mit ihrem Alters-Starrsinn den Angehörigen das Leben schwer machen.

Sandra Petrignani schildert in ihrem Buch »Vecchi« die Trostlosigkeit jener Menschen, die ohne jede Hoffnung dasitzen und warten auf das Nichts.

Eine fünfundachtzigjährige Witwe, deren Sohn bei einem Unfall ums Leben kam, schreibt: »Das Leben ist und bleibt ein Irrtum. Um nichts in der Welt würde ich es nochmals leben wollen.« Und eine alte Stickerin, die nie geheiratet hat und ihre einzige Freundin durch Selbstmord verlor: »Ich möchte mir den Kopf an der Wand einrennen. Ich bin dreiundachtzig Jahre alt. Zu alt. Ich müßte schon tot sein. Es hat sowieso niemand Interesse an mir, kein Mensch auf der Welt weiß, daß ich existiere.«

Diese erschütternden Beispiele vollkommener Vereinsamung und Sinnlosigkeit begegnen uns tatsächlich in Altersheimen auch.

Persönlich erfahre ich allerdings immer wieder, daß das »Monströse« eines Lebensendes in totaler Hilflosigkeit immer an Fürchterlichkeit verliert, sobald ich wirklich in die Nähe gehe, das heißt mich einlasse auf die konkrete Situation.

Solche Schicksale erwecken den Eindruck, man könnte sie nicht bewältigen, wenn man ihnen selbst ausgesetzt wäre. Dieser Eindruck entsteht, wenn man sie nur von außen betrachtet oder vom Hörensagen kennt. Der Mensch bewältigt mehr, als man für möglich hält. Was für eine Kraft zum Beispiel Angehörige von Alzheimerkranken oder schwer Depressiven aufzubringen vermögen, erstaunt immer wieder. Sie brauchen aber Unterstützung und Entlastung. Ich staune darüber, wie oft diese Menschen ihrer Situation trotz allem etwas Gutes abgewinnen können.

Aber, wie schon gesagt: Menschen, die ein »leichtes« Lebensende haben, sind in der Mehrzahl. Das setzt sich in unserem Gedächtnis nicht so fest, denn ein Bekannter, der mit achtzig Jahren sein Auto anhält, weil er sich unwohl fühlt, und eine Minute später an einem Herzschlag stirbt, beschäftigt uns weniger als ein Patient mit einer langen Leidenszeit im Krankenhaus.

Das sehr Auffällige in der heutigen Zeit ist die große Zahl von über Neunzigjährigen, die noch selbständig haushalten, um die Welt reisen, Bücher schreiben, Forschungen betreiben, ihre Blumenkästen pflegen und mit der Katze Zwiesprache halten, die zufrieden sind und schalkhaft die Welt, wie sie heute ist, auslachen. (Für die Söhne und Töchter allerdings sind diese unternehmungslustigen Betagten manchmal nicht nur eine Freude. Ein Mann muß zum Beispiel regelmäßig seiner manchmal leicht desorientierten, reisefreudigen sechsundneunzigjährigen Mutter beim Umsteigen im Zürcher Bahnhof behilflich sein, ihr Kennzeichen ist ein feuerroter Mantel! Eine sechsundsiebzigjährige Tochter kommt nicht darum herum, ihrem hundertjährigen Vater, der starrsinnig an seinem kleinen Garten festhält, immer wieder beizuspringen. »Die Himbeersträucher hacken, am Kirschbaum einen Ast abschneiden, die Leiter habe ich gestellt«, befiehlt er, wenn sie bei ihren wöchentlichen Besuchen bei ihm eintrifft ...)

Aktiv bleiben – und dennoch loslassen können: Das ist die große Kraft des Alters.

Die Menschen sterben ebenso verschieden, wie sie gelebt haben. Kleiner wird die Zahl derer, die in einer Glaubensgewißheit das Zeitliche hinter sich lassen können.

Das traditionelle Lebensverständnis gläubiger Menschen unterscheidet sich vom heutigen Individualismus. Fromme Menschen fühlen sich gerade auch beim Sterben eingebettet in die Glaubensgemeinschaft ihrer Vorväter und -mütter, in deren

Überlieferung sie leben. Sie fürchten sich nicht, nach ihrem Tode zu Schanden zu werden, sondern sie gehen ein in den »Frieden Gottes«, der schon die Zuflucht ihrer Vorfahren war.

Das Fundament des Glaubens meiner Eltern war Jesaja 46,4: »Bis in euer Alter bin ich derselbe, und bis ihr grau werdet, trage ich euch. Ich habe es getan und ich werde es tun. Ich will tragen und erretten.«

Mein Vater starb nach einem kurzen Aufenthalt in einem ländlichen, inzwischen aufgehobenen Krankenhaus mit einfacher Infrastruktur. Er wurde von einem Arzt aus Ghana menschlich ausgezeichnet betreut. Er wußte, daß es ans Sterben ging, meine Mutter weigerte sich, dem dringenden Ratschlag von Bekannten aus dem Dorf nachzugeben, ihn doch ins Universitätsspital nach Zürich zu bringen.

Auf seinem Grabstein steht: »Es wird gesät in Schwachheit, es wird auferweckt in Kraft.« (1. Kor. 15,43)

Meine Mutter konnte zu Hause sterben. Tage zuvor besuchten sie mein Mann und ich – und sie kochte für uns ihr übliches, einfaches Essen. Bei Tisch kamen wir auf die Zukunft zu sprechen. (Mutter wohnte bei einer meiner Schwestern, die als Pfarrerin bald pensioniert werden sollte.) Die Mutter wollte nichts von der Zukunft hören. »Ich lebe nicht mehr lange«, versicherte sie lachend. Sie zeigte keinerlei Angst vor ihrem Tod und sagte, daß sie sich auf das »Wiedersehen« mit ihrem vor über zwanzig Jahren verstorbenen Mann freue. Am andern Tag ging sie trotzdem neue Schuhe einkaufen, aber am Abend rief sie meine

Schwester zu sich und sagte: »Ich glaube, ich sterbe«, und verschied. Ihr Herz hatte versagt.

Wenn ich mich auch weit entfernt habe von konkreten Glaubensgewißheiten und viele andere Ansichten meiner Eltern, so bleibt ihre Getrostheit auf dem Weg aus dem Leben hinaus für mich ein Vermächtnis, das ich nicht vergessen werde.

Unser Leben ist individualisiert, und dementsprechend gibt es heute eine Vielzahl von Sterbe- und Begräbnisritualen, zum Teil von östlichen Philosophien und Religionen beeinflußt. Bereits gibt es eine eigene Sterbens- und Begräbnisindustrie, die Sterbenden und Trauernden passende Rituale anbietet und verkauft. Jeder stirbt nach seiner eigenen Weise, nach seinem eigenen Glauben, so er denn einen hat. Viele »verschwinden« lautlos – erst nach einiger Zeit erscheint in der Zeitung die Todesanzeige, man hat keine Gelegenheit, vom Verstorbenen Abschied zu nehmen, als wäre die menschliche Existenz anonym, hätte niemand dem anderen etwas zu sagen.

So, wie unser Leben nicht mehr eingebettet ist in allgemeingültige Bindungen und Gewißheiten, so sind wir auch beim Sterben auf uns selbst angewiesen. Ob man sich statt auf einem Friedhof unter einem Baum bestatten lassen will, ob die Asche auf hoher See ins Meer gestreut wird oder ob das Abschiedsritual ohne Kirchenglocken und Geistliche, vielleicht nur mit Musik und rezitierten Gedichten erfolgt, ist heute jedem selbst überlassen. Professionelle Begräbnishelfer stehen überall bereit.

Auch der Zeitpunkt des Todes liegt längst nicht mehr für alle »in Gottes Hand«. Endlosverlängerungen des Lebens durch die heutigen medizinischen Möglichkeiten, monate- oder jahrelanges qualvolles Leiden ohne jede Hoffnung auf Besserung haben die Diskussion darüber entfacht, ob der Mensch nicht selbst seinem Leben ein Ende setzen und, wenn er dazu nicht mehr imstande ist, die Unterstützung von Sterbehelfern in Anspruch nehmen darf. Ich glaube, daß sich heute jeder älter werdende Mensch mit dieser Frage beschäftigen muß, auch wenn eine Entscheidung erst leicht fällt, wenn die konkrete Lebensnot an ihn herantritt.

Auf die Frage, wie mit dem Ende des Lebens und dem Sterben umzugehen ist, kann es keine eindeutige Antwort geben. Es ist auch schwer vorherzusagen, wie man sich selber in dieser letzten Lebensphase verhalten wird, denn oft kommt es ganz anders, als man gedacht hat. Ich möchte zwei Beispiele erzählen, die mich beide sehr beeindruckt haben und die für mich hilfreich sind, so unterschiedlich sie auch sein mögen.

Eine dreiundachtzigjährige ledige Frau, die ihr ganzes Leben anderen Menschen gewidmet hat, erkrankt an Krebs. Die Metastasen-Bildung ist weit fortgeschritten. Seit Monaten ist sie bald mehr im Krankenhaus, zu Untersuchungen, Kontrollen, Therapien und Eingriffen, als zu Hause. Aus ihrer fürsorgerischen Tätigkeit weiß sie, wie es weitergeht ... Sie bespricht sich mit ihrem Hausarzt, den sie seit Jahrzehnten kennt, mit dem sie auch beruflich zusammengearbeitet hat. Es gibt keine Hoffnung auf Heilung. Hingegen wird die Krankheit vielleicht ihre ganzen Ersparnisse aufzehren. Da wüßte sie jedoch etwas Besseres, denkt sie. Anstatt weiterhin in ärztlichen Wartezimmern herumzuhocken und die Krankheitsgeschichten anderer zu hören, was ihr unglaublich verleidet ist, teilt sie in ihrem Testament ihr Hab und Gut unter denjenigen Menschen auf, die ihr am liebsten sind. Sie freut sich, wenn sie an die Beschenkten denkt! Der Arzt stellt ihr ein Rezept aus. Sie muß es selbst in der Apotheke einlösen. Sie weiht die beiden ihr am nächsten stehenden Menschen ein, da sie nach einem erfüllten Leben freudig sterben will. Sie nimmt die Medikamente und schläft hinüber.

Zurück bleibt unter anderen ihr Patensohn, dem sie sehr verbunden war, der als Künstler aber dauernd unter dem Existenzminimum leben muß. Die Erbschaft bedeutet für ihn eine große Entlastung. Zurück bleibt auch ihre beste Freundin, die dringend ein neues Auto braucht und nun im Testament von ihr bedacht worden ist. Und zurück bleiben viele andere Beschenkte.

Ich weiß, daß dieses authentische Beispiel zwiespältige Gefühle hervorrufen kann. Es soll hier aber als Beispiel dafür stehen, daß es autonome Möglichkeiten gibt, mit der letzten Lebenszeit umzugehen. Die Verstorbene war ein aktives Mitglied der

Kirche. Sie hat in der Art ihres Sterbens keinen Widerspruch zum Evangelium gesehen.

Fräulein S. hatte im Leben nie viel Raum eingenommen. Sie war eine stille Person, die gut zuhören und sich gut in andere einfühlen konnte. Schon früh wurde ihr prachtvolles luftiges Haar weiß. Bereits mit Fünfzig ließ sie immer wieder den Stoßseufzer hören: »Hoffentlich tut mir Gott den Gefallen und läßt mich nicht allzu alt werden!« Nach der Pensionierung unternahm sie noch einige Reisen, dann wurde ihr das Treppensteigen in den vierten Stock zu mühsam und sie zog in eine Alterssiedlung. »Hoffentlich der letzte Umzug«, seufzte sie. Sie wurde zunehmend gebrechlich. Ihr zarter Körperbau trug sie nicht mehr aufrecht, sie bekam den sogenannten doppelten Gang. Sie, die ehemals groß Gewachsene, schaute einen nun unter ihrem duftigen Haarschmuck von unten herauf an. Es half alles nichts, der Eintritt ins Altersheim war nicht zu vermeiden. Früher hatte sie stets gesagt: »Nur das nicht!« Und wenn, kam nur ein einziges Heim in Frage. Da dieses aber belegt war, mußte sie ausgerechnet in jene Institution umziehen, die sie nie freiwillig gewählt hätte. Mehr als zehn Jahre lebte sie dann in diesem Heim. Mit der Zeit wurde sie unternehmungslustiger als früher. Sie sprach nie mehr vom Wunsch, bald zu sterben, vielmehr wollte sie immer wieder von mir zu einem Ausflug abgeholt werden und entwickelte reges Interesse an der Außenwelt.

Einmal, wir hatten auf einem belebten Platz lange an der Sonne gesessen und die Tauben gefüttert, äußerte sie den Wunsch, anstatt mit dem Taxi zu Fuß über die Rheinbrücke zurückzugehen. Am Ende der Brücke stand ein leerer Tramwagen im Depot bereit. Blitzschnell löste das Fräulein ihren Arm aus meinem Ellbogen, ging auf den Tramwagen zu, klammerte sich an die Einstiegshalterung des Wagens und versuchte, sich hinaufzuziehen. »Ich wollte nur schauen, ob es noch geht«, beruhigte sie mich. Da die Stadt an diesem Sonntagnachmittag menschenleer war, wollte ich es wagen, die Rückfahrt mit ihr im Tram zurückzulegen. Aber oh weh! An der nächsten Station stieg eine Horde von Fußballfans ein, die ins nahe Stadion fuhren! Als ich meine Freundin beim Aussteigen aus dem Knäuel von Menschen herausgelöst hatte und sie wieder auf festem Boden stand, schaute sie mich mit siegessicherem Lächeln von unten herauf an und meinte: »Nicht wahr, jetzt hast du Angst gehabt!« Noch lange erzählte sie voller Stolz von diesem Abenteuer.

Als sie Neunzig war, mußte sie noch auf die Pflegestation verlegt werden. Ihre Fingerkuppen waren nun so kraftlos, daß sie die Tasten des Telefons nicht mehr drücken konnte. Ein großer Verlust an Autonomie, denn rücksichtsvoll wie sie war, wollte sie die Schwestern so wenig wie möglich bemühen. Auch war um ihr Bett nun ein Gitter, da sie einmal nachts herausgefallen war. Gegen dieses Gitter schlug sie aus, und die Schwester beklagte sich, daß die Patientin »böse« geworden sei. Mitleidsvoll (vielleicht noch eher mit mir als mit ihr) sagte ich zu ihr: »Nun wäre es dir zu gönnen, daß du heimgehen darfst!« Da schaute sie mich mit ihren großen, noch immer klaren Augen an und antwortete: »Also, wenn es geht, lebe ich gerne noch ein wenig.«

Diese Antwort hatte ich wirklich nicht erwartet.

Ich bin unendlich dankbar dafür, daß ich mit dieser Frau die Stufen bis hin zu ihrem Lebensende gehen durfte. Der Weg der geschilderten Frauen vermittelte mir Lebensvertrauen. Das Erlebte ist für mich ein Beispiel dafür, wie unberechenbar alles in unserem Leben ist, und daß es unmöglich ist, von außen zu entscheiden, was lebenswertes Leben ist und was nicht.

Die Sprache der Liebe ist die letzte Sprache, die man versteht. Noch in der Agonie nimmt der Sterbende es wahr, wenn er gestreichelt, seine Hand gehalten wird.

Vielleicht antwortet er ebenfalls mit einem Zeichen. Aber es kann auch sein, daß Sterbende auf gar nichts mehr reagieren, tage- oder sogar monatelang. Die Angehörigen fühlen sich ohnmächtig, können verständlicherweise auch hilflose Aggressionen entwickeln, weil der Sterbende sie so allein läßt, sie einfach nicht mehr hört. In dieser Situation brauchen die Angehörigen selbst Hilfe.

Für uns alle ist es ungewiß, wann und unter welchen Umständen wir unseren letzten Atemzug tun. Deswegen aber den Tod auszublenden, ist töricht, denn ohne Auseinandersetzung mit dem Tod ist kein volles Leben möglich. Wer das Leben ernst nimmt, nimmt den Tod in Kauf, weicht ihm nicht aus. Das muß gelten.

Solange wir leben, haben wir es nötig, diesem Leben einen Sinn zu verleihen, und es ist unser Bestreben, diesen zu erfüllen. Aber ganz am Schluß, in den letzten Erdentagen, kann es ein endgültiges Loslassen bedeuten, die Belanglosigkeit des eigenen Lebens im weiten Meer von Zeit und Geschichte anzuerkennen. Das Sterben ist darum auch ein Sichergeben. Das ist die tragische Konzeption des Menschen.

Vor einigen Jahren saß ich in der Stiftskirche in Einsiedeln (in der Unterkirche, da ich oben von der barocken Pracht zu sehr abgelenkt wurde), und wollte zur Ruhe kommen. In dem abgedunkelten Raum war es totenstill. Ich versuchte mir vorzustellen, daß ich einmal nicht mehr sein würde. Ich fragte mich, was von mir übrigbliebe. Da sah ich meine Knochen aufgehäuft vor mir. (Aus meiner Kindheit habe ich in Erinnerung, wie der Messmer auf dem Friedhof ein Grab aushob und dabei ab und zu einen Knochen, eine Schädelschale aufhob und diese am Rande des Grabes beiseite legte.)

Ich versuchte, meine Gedanken auf die Tatsache zu konzentrieren, daß von mir eines Tages nichts anderes übrigbliebe als dieses Häufchen Knochen. Es gelang mir nicht. An meinem Gedankenhorizont erschien ein Hügel im Abendlicht, es war der Gurten oberhalb von Bern, wo ich damals wohnte. Und ich sah meine Seele, wie sie im roten Abendlicht langsam dem Waldsaum entlangglitt, mit weichen ruhigen Flügelschlägen, der Sonne entgegen. Es war ein wunderbares Erlebnis.

Es war die Vision der Unsterblichkeit über den Tod hinaus, das Vertrauen in die Zusage Gottes, daß wir in ihm bewahrt bleiben über unser Ende hinaus.

NACHWORT

Die Art und Weise, wie wir auf unser Älterwerden reagieren und die Probleme der Altersphase zu bewältigen versuchen, ist geprägt von den Lebenszielen und Werten der Gesellschaft, in der wir leben.

Älterwerdende verkörpern das, was in den Augen der Jüngeren mißliebig ist und in der Welt der »Gesunden und Starken« ausgeblendet wird. Gleichzeitig versuchen die Älteren unwillkürlich, es zu verdrängen und zu verdecken.

Die gesellschaftlichen Leitsterne Schönheit, Stärke, Reichtum und Schnelligkeit führen zur Angst vor Verlusten und Einschränkungen, zur Tabuisierung von Krankheit, Behinderung, Leiden und der Tatsache, daß wir sterblich sind. Letztlich hat das aber eine Vermeidung des vollen Lebens zur Folge.

Wenn Leiden, Einschränkungen und Hilfsbedürftigkeit nicht mehr zu jenen Erfahrungen gezählt werden, die zum Leben gehören und zu seiner Sinn-Erklärung beitragen, wird sich die Gesellschaft gegenüber denjenigen, die davon betroffen sind, verhärten. Dazu gehören neben den Älteren und Behinderten auch die Kinder und Jugendlichen, denn ihre Lebensknospen öffnen sich langsam, und ihre Entwicklung braucht Schutz und Fürsorglichkeit über eine lange Zeit hinweg. Die Gesellschaft muß nachhaltig in sie investieren. Wenn Kinder ein Armutsrisiko für die Eltern darstellen, ist das ein Zeichen dafür, daß wir zuwenig für den Nachwuchs tun. Auch die Schule ist ins gesellschaftliche Abseits geraten, ihre Anliegen werden stiefmütterlich behandelt, und das Prestige der Lehrer ist im Sinken begriffen. Sie stehen vor kaum mehr lösbaren Aufgaben und erhalten dafür wenig Anerkennung. Auch die Jugendarbeitslosigkeit ist ein schwerwiegendes Problem.

Die Geringschätzung der Älteren und die mangelnde Förderung von Kindern und Jugendlichen sind beängstigende Vorboten einer Aufkündigung des Generationenvertrages. Der Solidaritätsgedanke zwischen Alt und Jung ist bedroht, immer häufiger ist die Mentalität anzutreffen, daß jeder nur gerade für sich selbst sorgt.

An der spanischen Costa del Sol leben zur Zeit Hunderttausende von (reichen) Rentnerinnen und Rentnern aus Deutschland und der Schweiz. Wenn sie aussagen, daß sie an ihrem Heimatland außer der Rente nichts mehr interessiert, macht mich das schaudern.

Der Staat, in dem sie aufgewachsen und reich geworden sind, in dem sie weder Steuern bezahlen noch Veranstaltungen besuchen, weder wählen noch abstimmen noch freiwillig helfen, ist ihnen völlig gleichgültig. Sie meinen, ihrem Heimatstaat gar nichts mehr schuldig zu sein. Das ist ebenso erschreckend wie die Meldung aus Frankreich im Hitzesommer 2003, daß allein in der Stadt Paris mehrere hundert Betagte unbemerkt in ihren Wohnungen verstorben sind und ihre Leichen von den Angehörigen zum Teil nicht einmal abgeholt wurden.

Es macht mich aber auch schaudern zu hören, daß in der Schweiz sogenannte Billig-Krankenkassen existieren dürfen, die nur junge Menschen mit geringem Krankheitsrisiko aufnehmen. Hier geht jeder Solidaritätsgedanke verloren, und wer Junge auf diese Weise »erzieht«, muß sich nicht wundern, wenn sie später nur an sich selbst denken. Am Ende steht der von Reimer Gronemeyer prognostizierte Krieg zwischen Jungen und Alten. Darin erscheinen die Alten als gierige Greise, die sich von den Jungen »aushalten« lassen, und die Jungen als rücksichtslos Fordernde, die sich einen Deut um die Elterngeneration, die sie großgezogen hat, scheren. Ein solches Gegeneinander muß um jeden Preis vermieden werden, wozu jeder Einzelne in der Gesellschaft, aber auch Parteien, Kirchen und letztlich der Gesetzgeber beitragen muß.

Es darf aber auch gefragt werden, inwiefern die Lebensweise der Gesamtgesellschaft gewisse Probleme der heutigen Altersgeneration mitverursacht. Wir müssen uns fragen, ob zwischen dem Jugendwahn und der Altersdepression ein Zusammenhang besteht, ob die Spaßgesellschaft, die nie zurückstecken und von Verlusten nichts wissen will, ihre Schatten nicht auf die Alten wirft. Unsere Geronto-Psychiatrie platzt aus allen Nähten. Nur mit der Verlängerung des Lebens kann das nicht zusammenhängen, denn daß wir länger leben, ist ja an sich eine schöne Tatsache. Es ist zu kurz gefaßt, wenn die Forschung nur die Alten untersucht, man müßte das Augenmerk auch darauf richten, was in der Lebensweise der Jüngeren und sogenannt Gesunden nicht stimmt. Ich glaube, man muß dem Verhalten der heutigen Gesellschaft einen Suchtcharakter zusprechen, einen unersättlichen Steigerungsdrang in bezug auf Beschleunigung, Reichtum und Lustgewinn. Dieses »nie genug« führt zu unstillbarer Lebensgier und Lebenshast. Irgendwann im Alter wird man dann vom Tropf abgehängt, die Folgen sind Entzugserscheinungen. Die Versäumnisangst, ein Kennzeichen unserer Zeit, hinterläßt am Ende eine trostlose Leere.

Anti-Aging ist ein Ausdruck von Angst vor dem Leben. Lippenvolumen erhöhen, Faltenunterspritzen, Tiefenschälkuren etc. leugnen das Leben, zu dem die Vergänglichkeit gehört. Wer das Altern flieht, rennt dem Leben davon. Am Ende haben wir all das nicht, was wir zu erreichen hofften.

Die hyperaktive, nach allen Seiten hin geöffnete und flexible Gesellschaft kennt keine Fixpunkte mehr. Der Mensch gleicht manchmal einem im Rad laufenden Hamster.

Das Alter aber ist eine Zeit des Verdichtens, des Abschließens und der Vollendung des Lebens.

Jüngere haben die bedächtige, »abschließende« Lebensweise der Älteren nötig. Sie müssen erleben dürfen, wie das Leben sich dem Ende zuneigt und die Betroffenen darein einwilligen können.

Am Ende meines Buches angelangt, spüre ich, daß mein Anliegen, für die noch jüngere, im gesellschaftlichen Streß befangene Generation zu schreiben, sich verstärkt hat. Ich hoffe, ihr den Balsam des sich verlangsamenden und nach oben verjüngenden Lebens vermitteln zu können, eines Lebens, das sich seines Fixpunktes bewußt ist und darum befreit gelebt werden kann. Denn die späten Jahre können wirklich zum Glück des Lebens werden.

BIBLIOGRAPHISCHE HINWEISE

S. 9: Mahr, Bernd: Die Negation des Alterns, in: Kursbuch. Das Alter. Rowohlt Verlag, Reinbek bei Hamburg 2003.

S. 15: Maron, Monika: Endmoränen. S. Fischer Verlag, Frankfurt a. M. 2002.

S. 20: Senett, Richard: Der flexible Mensch. Die Kultur des neuen Kapitalismus. Berlin Verlag, Berlin 1998.

S. 31: Künzler, Gabriele/Knöpfel, Carlo: Arme sterben früher. Caritas 2002.

S. 33: Klöckner, Bernd: Die gierige Generation. Eichborn Verlag, Frankfurt 2003.

S. 44: Höpflinger, François/Stückelberger, Astrid: Alter. Hauptergebnisse und Folgerungen aus dem nationalen Forschungsprogramm NFP 32. Bern 1999.

S. 56: Steiner, Verena: Erfolgreich lernen heisst … Pendo Verlag, Zürich 2002.

S. 58: Strunz, Ulrich: forever young. dtv Verlag, München 2003.

S. 60: Vogt, Walter: Altern. Benziger Verlag, Zürich 1981, 2. Aufl. 1992.

S. 64: Giovannelli-Blocher, Judith: Das gefrorene Meer. Pendo Verlag, Zürich 1999.

S. 66: Willi, Jürg: Sich im Alter brauchen lassen. Ein notwendiger Einstellungswandel, in: Boothe, Brigitte/Ugolini, Bettina: Lebenshorizont Alter. vdf Verlag, Zürich 2003.

S. 67: Ruh, Hans: Anders, aber besser. Die Arbeit neu erfinden – für eine solidarische und überlebensfähige Welt. Verlag im Waldgut, Frauenfeld 1995.

S. 76: Hildesheimer, Wolfgang: Mitteilungen an Max über den Stand der Dinge. Suhrkamp Verlag, Frankfurt a. M. 1986.

S. 80: Bührig, Marga: Spät habe ich gelernt, gerne Frau zu sein. Kreuz Verlag, Stuttgart 1987.

S. 93: Kast, Verena: Vom Interesse und vom Sinn der Langeweile. Walter Verlag, Düsseldorf und Zürich 2001.

S. 102: Demski, Eva: Der letzte Auftritt, in: Kursbuch. Das Alter. Rowohlt Verlag, Reinbek bei Hamburg 2003.

S. 104: Updike, John: Gegen Ende der Zeit. Rowohlt Verlag, Reinbek bei Hamburg 2000.

S. 104: Roth, Philip: Das sterbende Tier. Carl Hanser Verlag, München 2001.

S. 106: Perrig-Chiello, Pasqualina/Höpflinger, François (Hrsg.): Jenseits des Zenits. Frauen und Männer in der zweiten Lebenshälfte. Haupt Verlag, Bern 2000.

S. 119: Rubinstein, Arthur: Mein glückliches Leben. S. Fischer Verlag, Frankfurt a. M. 1998.
S. 125: Brecht, Bertold: Die unwürdige Greisin, in: Kalendergeschichten. Suhrkamp Verlag, Frankfurt a. M. 1965.
S. 147: Smith, Jacqui: Weisheit und Altersintelligenz, in: Die ältere Generation in der heutigen Gesellschaft. Forum Davos 1990.
S. 155: Rey, Karl Guido/Hess, Edith: Die Reise ist noch nicht zu Ende. Seelische Entwicklung und neue Spiritualität in späteren Jahren. Kösel Verlag, München 2003.
S. 159: Bobbio, Norberto: Vom Alter – De Senectute. Wagenbach Verlag, Berlin 1997.
S. 160: De Beauvoir, Simone: In den besten Jahren. Rohwohlt Verlag, Reinbek bei Hamburg 1969.
S. 168: Hildesheimer, Wolfgang: Endlich allein. Collagen. Insel Verlag, Frankfurt a. M. 1985.
S. 174: Bichsel, Peter: Am Pulsschlag des Lebens, in: Doktor Schleyers isabellenfarbige Winterschule, Suhrkamp Verlag, Frankfurt a. M. 2003.
S. 190: Marti, Kurt: Da geht Dasein. Luchterhand Verlag, München 1993.
S. 195: Albertz, Heinrich: Am Ende des Weges. Nachdenken über das Alter. Kindler Verlag, München 1989.
S. 195: Kaufmann-Staudinger, Klara. Zürich. 1993 (unveröffentlicht).
S. 198: Petrignani, Sandra: zitiert nach: Bobbio, Norberto, a. a. O.

S. 212: Gronemeyer, Reimer: Die Entfernung vom Wolfsrudel. Über den drohenden Krieg der Jungen gegen die Alten. Fischer Taschenbuch Verlag, Frankfurt a. M. 1991.

7. Auflage 2007

Umschlaggestaltung: Charlotte Löbner, Mainz
Satz: Fuldaer Verlagsanstalt, Fulda
Druck und Bindung: Druckerei Pustet, Regensburg
Printed in Germany
ISBN 978-3-86612-070-9

»Ein Leseerlebnis.« *Der Bund*

Judith Giovannelli-Blocher

Das ferne Paradies

Ein Geschwisterroman

168 Seiten. Gebunden.
sFr 34,- | € 18,90
ISBN 3-86612-011-7

Zoé ist fasziniert von ihrem Bruder Amadeo. Sie glaubt, dass er bis ins Paradies sehen kann. Während Zoé die Rolle der braven Tochter einer einstmals hoch angesehenen italienischen Familie erfüllt, ruhen die Hoffnungen des Vaters auf ihrem hochbegabten, aber sensiblen Bruder, der vom Vater in die Welt der Kunst eingeführt wird. Jahre später, als Zoé und ihre anderen Geschwister ihren Weg gemacht haben, muss sie mit ansehen, wie Amadeo der Erfolg als Künstler versagt bleibt ...

Mit grosser sprachlicher Leuchtkraft und Sensibilität zeichnet die Autorin das eindringliche Bild einer Familie zwischen Tradition und Moderne.

Pendo

Pendo Verlag GmbH & Co. KG
Postfach 401540 | D-80715 München
Fon +49 (0)89 - 7 00 76 88-0
Fax +49 (0)89 - 7 00 76 88-9
www.pendo.de

Pendo Verlag GmbH
Forchstrasse 40
CH-8032 Zürich
Fon +41 (0)44 - 3 89 70 30
Fax +41 (0)44 - 3 89 70 35
www.pendo.ch